江 荣 郭金平 总主编
伦海波 编著

百姓身边的民法宝典
合同篇

燕山大学出版社
·秦皇岛·

图书在版编目（CIP）数据

百姓身边的民法宝典.合同篇/江荣，郭金平总主编；伦海波编著. —秦皇岛：燕山大学出版社，2022.7

ISBN 978-7-5761-0341-0

Ⅰ.①百… Ⅱ.①江… ②郭… ③伦… Ⅲ.①民法–法典–中国–通俗读物②合同法–中国–通俗读物 Ⅳ.① D923.04

中国版本图书馆 CIP 数据核字（2022）第 073512 号

百姓身边的民法宝典
——合同篇

江　荣　郭金平　总主编

伦海波　编著

出 版 人：陈　玉				
责任编辑：王　宁　李　冉			策划编辑：陈　玉　赵　欣　裴立超	
责任印制：吴　波			装帧设计：吴　波　方志强	
出版发行：	燕山大学出版社		地　　址：河北省秦皇岛市河北大街西段 438 号	
邮政编码：066004			电　　话：0335-8387555	
印　　刷：英格拉姆印刷(固安)有限公司			经　　销：全国新华书店	
开　　本：165mm×230mm　1/16			印　　张：14	
版　　次：2022 年 7 月第 1 版			印　　次：2022 年 7 月第 1 次印刷	
书　　号：ISBN 978-7-5761-0341-0			字　　数：200 千字	
定　　价：35.00 元				

版权所有　侵权必究

如发生印刷、装订质量问题，读者可与出版社联系调换

联系电话：0335-8387718

序

让《民法典》真正为民所懂、为民所用

现代国家治理的根本路径在于法治。对于我们大众而言，与我们生活、工作、交往等日常活动直接相关、密切联系的法律，就是民法。民法的功能在于规范调整自然人、法人等民事主体之间的人身关系和财产关系，涉及公民的生命健康、财产安全、交易便利、生活幸福、人格尊严等方方面面，覆盖了作为社会个体日常活动的绝大部分。

2020年5月28日，第十三届全国人民代表大会第三次会议通过了《中华人民共和国民法典》（以下简称《民法典》），自2021年1月1日起施行。作为中华人民共和国成立以来第一部以"法典"命名的法律，《民法典》是我国社会主义法治建设的重大成果；它的颁布与实施，标志着新时代中国特色社会主义法治建设达到新的高度。《民法典》汲取了中华民族5000多年优秀法律文化，借鉴了人类法治文明建设有益成果，系统整合了新中国成立70多年来长期实践形成的民事法律规范，是一部具有鲜明中国特色、实践特色、时代特色的法典。

2020年5月29日，在《民法典》通过的第二天，习近平总书记主持中央政治局第二十次集体学习，并就颁布实施《民法典》的重大意义、推动《民法典》实施发表重要讲话，强调《民法典》要实施好，就必须让《民法典》走到群众身边、走进群众心里。

我们高兴地看到，河北省人大常委会法制工作委员会、燕山大学

全面依法治省研究院心系普法事业，致力于法治宣传，发挥专业特长，组织精干力量编写了这套《百姓身边的民法宝典》。该书的出版得到河北省宣传出版部门重视，被列入河北省2022年度优秀出版物选题，并由燕山大学出版社出版发行。

法典条款的特征之一在于言简意赅，专业性强。一项规定，可能包括多项含义；一个概念，在法官眼中会有专门的解释。本书定位于普法读物，从《民法典》中选取与社会个体日常生活密切相关的500多个热点问题，采用"以案说法""图文并茂"的生动形式，通俗易懂、深入浅出地讲解法律知识点，阐释《民法典》一系列新规定、新概念、新精神，具有可读性强、针对性强、实用性强的鲜明特色。

全书包括《民事活动篇》《物权篇》《合同篇》《侵权责任篇》《婚姻家庭篇》5个分册，既可系列使用，又可单册阅读。各分册内每个热点问题单独成文，均通过"身边案例""说法明理"简明地讲清每个法条的知识点，帮助读者熟悉法律规定的法理事理，具体了解特定情形下自己作为当事人的法定权利和义务，进而达到引导公民遵法守法、通情达理、和谐相处的目的。

法律的生命力在于实施。当我们每个公民都懂得《民法典》的内容，并能够运用《民法典》来规制自身民事行为时，《民法典》的价值与作用才真正体现，我们也才能在纷繁复杂的社会活动中有效维护自身的民事权利，并切实履行民事义务。这也是社会主义法治国家建设的应有之义。

（中国政法大学教授）
2022年6月22日

目 录

1. 可以通过电子邮件签订合同吗? …………………… 1
2. 广告宣传单有法律效力吗? …………………… 4
3. 言而有"信"还是言而无信? …………………… 6
4. 王倩的行为是出尔反尔吗? …………………… 8
5. 传真的"承诺" …………………… 10
6. 吉祥公司不能拒收这车玉米 …………………… 12
7. 认购可否不购? …………………… 14
8. 保价的提示 …………………… 16
9. 无效的格式条款 …………………… 18
10. 订立合同过程中被坑了怎么办? …………………… 21
11. 泄露商业秘密应承担法律责任 …………………… 23
12. 越权签订的合同是否有效? …………………… 25
13. 免责声明能否免责? …………………… 27
14. 什么是合同之中的"附随义务"? …………………… 29
15. 质量约定不明确怎么办? …………………… 31
16. 网络购物的交付时刻如何确定? …………………… 33
17. 药品定价下跌怎么办? …………………… 35
18. 无法确定份额的按份债权 …………………… 37
19. 连带债务的内外关系 …………………… 39
20. 错过的 99 朵玫瑰 …………………… 41

21. 50万元欠款谁来还？ ……………………………… 43
22. 一手交钱一手交货的"同时履行抗辩权" ……… 45
23. 先履行的"不安" ………………………………… 47
24. 买家找不到了怎么办？ ………………………… 49
25. 提前履行支出的费用由谁承担？ ……………… 52
26. 疫情导致无法出行，预订的酒店能退吗？ …… 54
27. 为逃避债务低价卖房的行为可以撤销 ………… 56
28. 债权可以转让吗？ ……………………………… 58
29. 债务转移须经债权人同意 ……………………… 60
30. 合同终止之后还有义务 ………………………… 62
31. 提存标的物的毁损、灭失风险 ………………… 64
32. 领取提存物也有条件 …………………………… 66
33. 违约后要"采取补救措施" …………………… 68
34. 定金的法律效力 ………………………………… 70
35. 什么是违约后的减损规则？ …………………… 72
36. 合同具有相对性 ………………………………… 74
37. 标的物的毁损、灭失风险谁承担？ …………… 76
38. 出卖人瑕疵担保责任的减免 …………………… 78
39. 先验收后签字 …………………………………… 80
40. 崔敏芝的烦恼 …………………………………… 82
41. 什么是"一物和他物""一批和他批"？ …… 84

42. 凭样品买卖的标的物的质量如何确定？ …… 87
43. 试用买卖的试用期 …… 89
44. 试用买卖：买还是不买？ …… 91
45. 试用期内的标的物毁损、灭失怎么办？ …… 93
46. 必须及时抢修！ …… 95
47. 赠与人的任意撤销权 …… 97
48. 任意撤销权也有例外 …… 99
49. 附义务赠与中的撤销权 …… 101
50. 赠与人的瑕疵担保责任 …… 103
51. 哪些情况可以撤销赠与？ …… 105
52. 祸起赠与的30万元 …… 107
53. 什么是赠与人的穷困抗辩权？ …… 109
54. 禁止"砍头息" …… 111
55. 借款人必须按照约定用途使用借款吗？ …… 113
56. 应当按照约定的期限还款 …… 115
57. "高利贷"违法 …… 117
58. 一般保证人的先诉抗辩权 …… 119
59. 保证期间和诉讼时效 …… 121
60. 未经保证人书面同意，保证责任不得加重 …… 123
61. 一般保证人的特殊免责事由 …… 125
62. 租赁期限不得超过20年 …… 127

63. 租赁期限6个月以上的应签订书面合同 ·············· 129
64. 出租人有义务维修租赁物 ·············· 131
65. 承租人有义务保管租赁物 ·············· 133
66. 未经出租人同意，不得对租赁物进行改善或增设他物 ·············· 135
67. 转租后的损害赔偿 ·············· 137
68. 次承租人的租金代偿权和追偿权 ·············· 139
69. 拖欠租金后的解除权 ·············· 141
70. 承租人的优先购买权 ·············· 143
71. 租赁物毁损、灭失了怎么办？ ·············· 145
72. 租赁物危及承租人安全或健康时，可随时解除合同 ·············· 147
73. 承租人死亡，共同居住人可在租赁期间内继续承租 ·············· 149
74. 承揽人应亲自完成承揽工作 ·············· 151
75. 定作人怠于答复承揽人造成损失的，应赔偿该损失 ·············· 153
76. 中途变更工作要求，定作人应赔偿承揽人损失 ·············· 155
77. 承揽人交付的工作成果不符合要求怎么办？ ·············· 157
78. 定作人享有任意解除权 ·············· 159
79. 在公交车上受到他人伤害怎么办？ ·············· 161
80. 霸座的后果 ·············· 163
81. 不得携带危险物品登机！ ·············· 165
82. 公交车上逞能受伤，责任谁来担？ ·············· 167
83. 火车晚点怎么办？ ·············· 169

目 录

84. 承运人的救助义务 …………………………………… 171
85. 延迟收货的责任 ………………………………………… 173
86. 运输途中遭遇不可抗力，如何处理？…………………… 175
87. 能够随意将保管物转交给第三人保管吗？…………… 177
88. 无偿保管如何承担责任？……………………………… 179
89. 保管物和孳息的返还 …………………………………… 181
90. 储存危险物品未事先说明，保管人能否拒绝？……… 183
91. 提前提取仓储物的费用如何计算？…………………… 185
92. 仓储物保管不善的责任承担 …………………………… 187
93. 委托人可以直接对转委托人提出要求吗？…………… 189
94. 无偿委托如何承担责任？……………………………… 191
95. 物业公司可以转包全部物业服务吗？………………… 193
96. 物业公司的义务 ………………………………………… 195
97. 是否可以以没有使用过电梯为由拒缴电梯费？……… 197
98. 业主也能解聘物业吗？………………………………… 199
99. 中介未促成交易，费用谁来出？……………………… 201
100. 岂能"过河拆桥"！……………………………………… 203
101. 合伙财产何时能分割？………………………………… 205
102. 错发的微信红包………………………………………… 207
103. 无偿取得的"不当得利"？……………………………… 209
后记 ……………………………………………………………… 211

1. 可以通过电子邮件签订合同吗？

【身边案例】

陈磊和朋友计划合伙开一家湘味餐馆，定于8月8日开业，寓意之后的生意能够红红火火，赚得盆满钵满。为购买餐馆所需桌椅，陈磊于7月10日给荣阳木制品加工厂发了一封电子邮件，邮件的大致内容：希望定做饭桌8张、椅子32张，须在8月6日之前将桌椅送到长安路88号湘味餐馆，交由陈磊接收，总价格不高于20000元。邮件还以附件的形式对饭桌和椅子的尺寸、颜色、风格等作了详细说明。当天下午4点，荣阳木制品加工厂同样以电子邮件回复陈磊，表示对陈磊的要求全部认可。为慎重起见，7月12日，荣阳木制品加工厂员工杨光打电话给陈磊，对桌椅的型号、交付时间、价格等作了确认，但双方从始至终都没有签署任何书面文件。8月6日，荣阳木制品加工厂电话通知陈磊桌椅已做好，却遭到了陈磊的拒收。原因是陈磊在8月2日以更低的价格购买了另一家工厂生产的桌椅。荣阳木制品加工厂认为双方已经通过电子邮件的方式签订了合同，陈磊一方应当履行合同。陈磊却说："我们连书面合同都没签，当然不算数。谁家便宜我从谁家买。"

【说法明理】

法律语言不同于生活语言。日常生活中所称的"合同"通常是指"合同书"，一般以在纸质文本上签字、盖章或摁手印为必要条件。法律意义上所称的"合同"在范围上要广得多。《中华人民共和国民法典》（以下简称《民法典》）第四百六十九条规定："当事人订立合同，可以采用书面形式、口头形式或者其他形式。书面形式是合同书、信件、

电报、电传、传真等可以有形地表现所载内容的形式。以电子数据交换、电子邮件等方式能够有形地表现所载内容，并可以随时调取查用的数据电文，视为书面形式。"

可见，法律意义上的合同不只限于书面形式，还包括口头形式（如以面对面交谈、电话或微信通话方式缔约）和其他方式（如通过自动售货机购物）。即使是书面形式，与日常的理解也有所不同。纸质形式的，如合同书、信件、电报、电传、传真等可以用于缔约；数据电文形式的，如电子数据交换、电子邮件等也可以用于缔约。二者均被认为属书面形式。

因此，合同在形式上是比较丰富自由的。只要是包含了当事人的意思表示，而当事人又能够达成合意，都可以成立合同。本案中，陈磊认为他和荣阳木制品加工厂没有签订传统的书面合同书，于是拒绝接收荣阳木制品加工厂按照他的要求制作的桌椅。但实际上,陈磊向荣阳木制品加工厂发出的购买桌椅的电子邮件属于要约,而荣阳木制品加工厂回复认可的电子邮件则构成承诺。双方意思表示一致,买卖合同成立。该合同并无效力瑕疵,属有效合同,因此陈磊应按照约定履行合同。

2. 广告宣传单有法律效力吗？

【身边案例】

明德电器店预定于2021年10月1日开业。为扩大影响、吸引人气，在开业前还精心制作了一款广告宣传单，印刷了5000份，并安排工作人员在9月29日和30日两天分批在以明德电器店为中心的5千米范围内发放。宣传单上有这样一项内容："建华牌N32全自动洗衣机999元，每人限购1台，先来先得，欲购从速。"康利就住在明德电器店旁边的小区，无意中发现宣传单，非常高兴，自己正想买一台洗衣机，宣传单上的建华牌N32全自动洗衣机性能很好，而且在别的商场要卖1300元。于是康利在10月1日早晨8点多来到了明德电器店，店门口已经围满了人，好多人都在排队。等康利挤进店时，却被告知特价建华牌N32全自动洗衣机仅有10台，已经售罄。康利认为，既然宣传单上对商品型号和价格写得清楚，明德电器店就有义务接受消费者的订购，不能拒绝。如果真的仅有10台，就应当在宣传单上注明，明德电器店明知而不予说明，构成欺诈，有责任按照宣传单保障供货。明德电器店则认为，电器店派发的宣传单只是吸引顾客前往店铺询价和选购商品的商业广告，不能直接根据广告要求商家售货。

【说法明理】

为了让货物畅销，也为了吸引消费者，商家通常会采用商业广告对其商品和服务进行宣传。商业广告可谓屡见不鲜，它既是一种促销工具，也是一种文化现象。那么应当如何定性这些商业广告和宣传呢？《民法典》第四百七十三条规定："要约邀请是希望他人向自己发出要约的表示。拍卖公告、招标公告、招股说明书、债券募集办法、基

金招募说明书、商业广告和宣传、寄送的价目表等为要约邀请。商业广告和宣传的内容符合要约条件的，构成要约。"也就是说，商业广告和宣传既可能构成要约，也可能仅仅是要约邀请。

要约是希望与他人订立合同的意思表示。构成要约，需要符合两个条件：一是内容具体确定；二是表明经受要约人承诺，要约人即受该意思表示约束。与此相对，要约邀请又称为要约引诱，是一方当事人邀请对方当事人向自己发出要约的表示，它仅仅是预备订立合同的行为，它对发出人并没有法律拘束力，相对人作出的回复则被认为是发出的要约。区分要约和要约邀请最为核心的是是否符合以上两个条件。要约邀请要么内容上不具体确定，要么并没有一经对方承诺己方即受约束的意思。

本案中，明德电器店的广告宣传单明确标注"建华牌N32全自动洗衣机999元，每人限购1台"，在内容上是具体确定的；但是，从宣传单上"先来先得，欲购从速"的意思来看，并不包含着"只要消费者购买，我方就会出售"的意思，不符合要约的第二个条件。因此，应认定该广告宣传单构成要约邀请而非要约，双方之间并不成立合同关系，康利也自然不能主张合同上的权利。

3. 言而有"信"还是言而无信？

【身边案例】

杨兴是个书画收藏爱好者，因画与许多画家结缘。10月1日，杨兴受写意花鸟画家高阳的邀请，到其家中品鉴最新画作八尺牡丹图。高阳称这幅八尺牡丹图历时3个月才完成，耗费极大心血，是其至今最为得意的作品。杨兴看后，对该画赞不绝口，有心收藏，于是询问价格。高阳却表示暂不出售，可日后再行联系。时隔多日，杨兴仍对该画念念不忘，为了显示自己对这幅画的喜爱，也为了表达诚意，特地郑重其事地手写了一封信，称："只要高大画家愿意割爱八尺牡丹图，我愿意以10万元买下，挂于书房正中位置。"信于11月1日寄出。11月3日杨兴参加画展时，从另一位画家朋友手里淘到一幅与高阳画作风格相似的六尺梅花图，于是在当晚10点给高阳发微信："经考虑再三，君子不夺人所爱。高大画家，您那幅八尺牡丹图我就不强人所难了。"高阳11月4日上午10点收到杨兴的手写信，非常高兴。然而当他想通过微信告知其同意出售时，才发现杨兴不想购买的信息，于是斥杨兴不够朋友，言而无信。

【说法明理】

俗话说："说出去的话，泼出去的水。"覆水自然难收。法律上也有诚信原则，要求我们秉持诚实，恪守承诺。不过，在订立合同的时候，为了给当事人更多的选择权，防止轻率决定，在例外情况下也允许反悔，要约撤回制度就是一个例证。

《民法典》第四百七十五条规定："要约可以撤回。要约的撤回适用本法第一百四十一条的规定。"而《民法典》第一百四十一条规定：

"行为人可以撤回意思表示。撤回意思表示的通知应当在意思表示到达相对人前或者与意思表示同时到达相对人。"由此来看,要约的撤回是有条件的。要约是一方当事人以缔结合同为目的,向对方当事人所作的意思表示。要约的撤回则是在要约未对受要约人产生影响之前,要约人宣告取消要约。只要撤回的通知先于或同时与要约到达受要约人,任何一项要约都是可以撤回的。允许要约人撤回要约,是尊重要约人的意志和利益的体现。

具体到本案,杨兴以10万元购买八尺牡丹图的意思表示为要约,该要约以信件发出,应该在到达高阳手中时生效。但因为杨兴购买到了与高阳画作风格相似的六尺梅花图,就通过传递速度更快的微信撤回了自己购买八尺牡丹图的要约。该撤回要约的意思表示在11月3日发出,根据《民法典》第一百三十七条第二款,应当在"相对人知道或者应当知道该数据电文进入其系统时生效",结合本案和生活常识,认为高阳"应当知道"该撤回要约进入其系统的时间早于4日上午10点收到信件之时。也就是说,因为要约已经被撤回,确定不发生效力,当然不成立合同,也就不存在是否"言而无信"的问题。

4. 王倩的行为是出尔反尔吗？

【身边案例】

王倩是个漂亮姑娘，从小被人夸到大，她对自己的容貌也十分满意。但最近不知道怎么回事，王倩脸上长了许多痘痘，还留下了大小不一的痘印。为此她十分苦恼，甚至患上了"容貌焦虑症"，开始对自己的容貌严重的不自信，不敢照镜子，不敢素颜出门，每天涂抹上厚重的粉底液，上完全妆才有勇气走出家门。一日，王倩路过一家美容院时收到工作人员派发的宣传单，回到家中，王倩发现这家美容院主打祛痘护理，称其特有的祛痘平印凝胶内含紫草精华，可以促进细胞再生，加速代谢，防止留疤留印；特有的祛痘皙白面膜含有角鲨烷成分，能够深层修复和杀菌，祛痘的同时可以美白皮肤。这令王倩激动不已，决定购买，不料一日数次拨打电话，要么占线，要么无人接听。于是，她就编辑了一条短信，称："我欲购买美容院10支祛痘平印凝胶，10盒祛痘皙白面膜，邮寄地址：未央路88号，王倩。货到付款。"王倩按照宣传单上所留的电话发送了过去，对方却一直没有回复。第二天，王倩向好友宋灵谈起此事，宋灵劝说王倩前往正规医院的皮肤科医治，不要轻信美容院的宣传。冷静下来的王倩听取了好友的建议，决定去医院医治。在前往医院的路上途经美容院，王倩上门告知昨天的订单不要发货了。美容院称已经收到短信，虽因事情忙未及时回复，但已经发货了，不同意王倩的要求。

【说法明理】

合同的订立一般采取要约和承诺的形式。一旦要约被承诺，合同则成立；而一旦合同生效，任何一方都无权单方变更合同，否则就是

违约。要约的本质是向对方发出的想要订立合同的意思表示，实践中存在发出要约后又改变主意的，如不想与对方订立合同，想要调整商品的价格和数量，需要补充对商品质量有关的约定，改变付款方式，等等。因此，在要约发出后合同成立前的时间，为保护要约人的利益，在符合特定条件的情况下是允许要约人反悔的。前一案例中的撤回和本案例中的撤销都是其具体体现。不同的是，撤回意思表示的通知应当在意思表示到达相对人前或者与意思表示同时到达相对人，而根据《民法典》第四百七十七条，"撤销要约的意思表示以对话方式作出的，该意思表示的内容应当在受要约人作出承诺之前为受要约人所知道"。

爱美之心，人皆有之。本案中，我们能够理解王倩在看到美容院宣传单之后，仓促之间作出决定。王倩通过短信方式向美容院发出了购买祛痘产品的要约，并且在美容院收到短信后因自己改变想法而告知美容院放弃购买。美容院虽已安排发货，但不属于作出承诺，所以王倩放弃购买的行为构成要约的撤销。要约撤销后，双方不会成立合同关系。

5. 传真的"承诺"

【身边案例】

赵亮正在筹备开办一家电竞网咖，需要购买50台电脑，经过网上比对，选择了一家名为"美梦成真电脑公司"的外地企业。于是，赵亮向美梦成真电脑公司发出传真，希望以每台3500元的价格购买50台某型号电脑，并要求半个月内送货上门。次日，赵亮看到同城智慧未来电脑公司的广告，其出售的同类型电脑的价格比他向美梦成真电脑公司购买的价格低10%。于是，赵亮立即与智慧未来电脑公司签订了50台电脑的买卖合同，智慧未来电脑公司当日派人将电脑送至赵亮的电竞网咖处。赵亮随即打电话联系美梦成真电脑公司，希望不再订立合同。但是电话没有打通，赵亮便让正在美梦成真电脑公司所在城市出差的弟弟赵斌，到美梦成真电脑公司解决相关事宜。无巧不成书，弟弟赵斌刚搭上出租车出发还未到达美梦成真电脑公司时，赵亮就收到了美梦成真电脑公司发来的传真，称同意赵亮提出的条件，保证半个月内送货上门。赵斌赶到美梦成真电脑公司后说明来意，美梦成真电脑公司则表示，其与赵亮之间的电脑买卖合同已经成立，不同意撤销。

【说法明理】

人们常说一"诺"千金，即便在法律中，"承诺"也扮演着重要的角色。《民法典》第四百七十九条规定："承诺是受要约人同意要约的意思表示。"该条是关于承诺的定义，揭示了承诺最本质的内涵，即承诺是受要约人在有效期限内作出的同意接受要约全部内容以订立合同的意思表示。承诺的法律效力在于，承诺一经作出，并送达要约人，合同即告成立，要约人不得随意加以拒绝或者改变。承诺和要约一样，都是引起合同关系产生的必不可少的意思表示。正如没有要约就没有合同关系的产生一样，没有承诺也同样没有合同关系的出现。

本案中，赵亮向美梦成真电脑公司发出传真，希望以每台3500元的价格购买50台某型号电脑，并要求半个月内送货上门，此为赵亮向美梦成真电脑公司发出的电脑买卖合同的要约；美梦成真电脑公司向赵亮发来传真，同意以每台3500元的价格出售50台该型号电脑给赵亮，并保证半个月内送货上门，此为美梦成真电脑公司向赵亮发出的电脑买卖合同的承诺。《民法典》第四百八十四条第一款规定："以通知方式作出的承诺，生效的时间适用本法第一百三十七条的规定。"本案中传真的生效时间，应当属于《民法典》第一百三十七条第二款"未指定特定系统的，相对人知道或者应当知道该数据电文进入其系统时生效"的情形，而根据《民法典》第四百八十三条规定："承诺生效时合同成立，但是法律另有规定或者当事人另有约定的除外。"因此，在赵斌到达美梦成真电脑公司之前，赵亮与美梦成真电脑公司之间的电脑买卖合同已经成立。

6. 吉祥公司不能拒收这车玉米

【身边案例】

为了响应国家"助力乡村振兴"的号召，钱东放弃了城市里的安稳生活，带着妻子一起回到农村老家，投身于乡村农业，承包土地种起了玉米。但是，种玉米容易卖玉米难，钱东为此可没少费力。天道酬勤，在钱东的不懈努力下，他联系到当地专门生产玉米油的吉祥公司，并成为吉祥公司的长期供货人。因为彼此信任，加之法律意识淡薄，双方并没有签订书面合同。钱东每次都是将玉米送到双方约定的称重地点，由吉祥公司的工作人员到场检验并监督称重后，在称重单上签字确认玉米的规格和数量，再运送到吉祥公司卸货，凭称重单找吉祥公司结算玉米款。当地其他玉米种植大户和收购商之间也都是以这种方式进行交易。一天，钱东像往常一样送了一车玉米到约定的称重地点，称重显示22560千克后，吉祥公司的工作人员在称重单上签字确认。不过，在钱东将玉米送到吉祥公司时，吉祥公司的负责人拒绝收货，说："我们的原料玉米已经暂时够用，这车玉米就不要了，你拉回去吧。"钱东认为，既然已经称重，吉祥公司应当收货；而吉祥公司则认为，只要没有卸货就可以不要。

【说法明理】

《民法典》第四百八十条规定："承诺应当以通知的方式作出；但是，根据交易习惯或者要约表明可以通过行为作出承诺的除外。"据此可知，承诺不一定非得采用通知的方式，以行为的方式同样也可以作出承诺。行为方式的承诺，或者来源于当事人的约定，或者来源于交易习惯。所谓交易习惯，是指在交易行为当地或者某一领域、某

一行业通常采用的并为交易对方订立合同时所知道或者应当知道的做法，是人们在交易活动中普遍认可并遵守的规则。在要约人发出要约后，受要约人虽没有以通知的方式作出承诺，但是只要交易习惯或者要约约定可以以行为作出承诺的，双方之间也可以成立合同。

本案中，钱东根据交易习惯将一车共22560千克的玉米送到约定的称重地点，意在售与吉祥公司，可以视为要约人钱东向受要约人吉祥公司发出的现物要约。吉祥公司的工作人员当场检验称重，并在称重单上签字确认，应当认为是吉祥公司对玉米的数量和质量的认可。根据钱东和吉祥公司的交易习惯，吉祥公司作出的承诺不需要通知，其在称重单上签字即意味着同意接受该批玉米，该签字行为即为承诺。《民法典》第四百八十四条第二款规定："承诺不需要通知的，根据交易习惯或者要约的要求作出承诺的行为时生效。"可见，承诺已经生效，钱东与吉祥公司之间的玉米买卖合同已经成立。因此，吉祥公司不能拒收这车玉米。

7. 认购可否不购？

【身边案例】

在外漂泊多年，黄康决定回老家泸县买房定居。在参观了多个楼盘的样板间后，黄康最终选择了安居创展房地产有限公司（以下简称安居创展公司）开发的幸福时代小区，该楼盘已经取得了商品房预售许可证。黄康近期有出差安排，因为向银行贷款还要准备相关的证明文件，买卖合同的细节也需要进一步沟通，双方没有签订正式的商品房买卖合同，而是草签了房屋认购协议书。预定房屋为幸福时代小区8号楼1单元302室，建筑面积123平方米，单价8268元/平方米。同时约定双方应在协议签订之日起1个月内签订商品房买卖合同。认购协议书签订后不久，黄康在一次同学聚会中遇到在房地产公司工作的老同学白雪，白雪告诉黄康："当前房地产行业不景气，你看热搜就知道，某房地产巨头都面临破产危机了。别急着买房，房价还得跌，现在买就是高价接盘，千万别当接盘侠！"听了老同学的话，黄康产生了不按房屋认购协议书约定与安居创展公司签订商品房买卖合同的想法。那么，法律支持黄康的打算吗？

【说法明理】

中国人自古就把房子当成安身立命之所，认为有了房子就有了依托，生活就有了最基本的保障。因此，商品房买卖在日常生活中非常普遍，又因为其价值巨大，关系复杂，导致纠纷频生。实践中，在签订正式的商品房买卖合同之前，当事人还可能会签订认购书等以将来签订买卖合同为目的的合同，也经常引发各种纠纷。

《民法典》第四百九十五条规定："当事人约定在将来一定期限

内订立合同的认购书、订购书、预订书等,构成预约合同。当事人一方不履行预约合同约定的订立合同义务的,对方可以请求其承担预约合同的违约责任。"预约合同是本约合同的对称,是当事人对将来签订特定合同的相关事项进行的规划,其主要意义在于为当事人各方设定了按照公平、诚信原则进行磋商以达成本约合同的义务。如果当事人一方没有履行订立本约合同的义务,就要承担继续订立本约合同和赔偿预约合同损失等违约责任。

本案中,黄康和安居创展公司签订了房屋认购协议书,该协议书已经成立并发生法律效力。认购书明确约定黄康应当在约定时间内与安居创展公司签订商品房买卖合同,该约定有效,黄康因此要承担订立本约合同的义务。如未能依约签订期房预售或现房出售等正式商品房买卖合同,黄康应当向安居创展公司承担违约责任。

8. 保价的提示

【身边案例】

云南的玉石资源储量大、品种丰富，是业内人士公认的"翡翠之乡"。范微早就听闻"美玉出云南、真玉在云南、买玉到云南"。11月10日是范微母亲的生日，为了给母亲一个惊喜，范微用攒了几年的钱买了一个玉吊坠，花费1.5万元。为了准时送给母亲，11月7日一大早，范微就来到迅捷快运公司将玉吊坠交给业务员徐立州，欲将玉吊坠邮寄给母亲。徐立州向范微出具了快递运单。该运单正面载明了寄件人姓名、住址、收件人姓名、收件地址、资费、联系电话等，背面载明打印的《快递服务协议》，其中有关于保价、赔偿的内容包括："贵重物品务必保价……保价费务必在办理快件交寄手续时当场支付。若未当场支付保价费，视为未保价。保价快件损毁和灭失的，按照快件本身实际损失的价值在保价金额范围内进行赔偿；未保价快件损毁和灭失的，按照快件资费的5倍赔偿，最高不超过500元。"徐立州在揽收玉吊坠时并没有提醒范微运单背面协议的内容。11月10日，物流信息一直未更新，范母也未收到玉吊坠快递。应范微要求，迅捷快递公司进行调查后，也没能找到邮寄物，玉吊坠下落不明。范微认为应当按照玉吊坠的实际价格赔偿，而迅捷快递公司则认为应当按照无保价物品赔偿。

【说法明理】

日常生活中经常有利用快递寄送贵重物品的情形，如果快递公司没有提醒寄件人保价，物品却在邮寄过程中遗失，寄件人能要求快递公司按实际价值赔偿吗？对此，《民法典》第四百九十六条规定："格式条款是当事人为了重复使用而预先拟定，并在订立合同时未与对方协商的条款。采用格式条款订立合同的，提供格式条款的一方应当遵循公平原则确定当事人之间的权利和义务，并采取合理的方式提示对方注意免除或者减轻其责任等与对方有重大利害关系的条款，按照对方的要求，对该条款予以说明。提供格式条款的一方未履行提示或者说明义务，致使对方没有注意或者理解与其有重大利害关系的条款的，对方可以主张该条款不成为合同的内容。"该条针对格式条款规定了提供方的提示义务、说明义务以及违反该义务的法律后果。

本案中，《快递服务协议》是迅捷快递公司为重复使用而单方拟定的条款，在与范微订立合同时也未与其协商，应属格式条款。对邮寄物品设置保价条款，根据是否保价分别规定不同的赔偿标准，特别是对未保价物品限制赔偿数额，明显属于减轻迅捷快递公司责任的条款，迅捷快递公司应当采取合理的方式提示范微注意该保价条款。迅捷快递公司违反提示义务，导致范微没能注意到该条款，范微可以主张将该条款从《快递服务协议》中排除出去，进而要求迅捷快递公司根据法律规定承担赔偿责任。

9. 无效的格式条款

【身边案例】

2020年3月，刘新义想要购买一套二居室住房给父母改善居住环境。在看了几个楼盘后，经多方面比对，最终决定选择扬翔房地产公司开发的位于海河街的新芽小区。经双方协商，约定标的物为新芽小区3单元203号房屋，总价款400万元；扬翔房地产公司应当于2021年9月30日前与刘新义办理房屋交接手续。洽谈完毕后，扬翔房地产公司拿出两份合同：一份是政府提供的商品房买卖合同示范文本，另一份是扬翔房地产公司自己拟定的补充合同。刘新义看了商品房买卖合同中手写上去的房屋坐落、标的价款和交房日期与约定无误，就签了字。但看到补充合同时，刘新义愣住了，合同中有这样一款：因经营等困难导致无法按期交房的，扬翔房地产公司不承担责任。刘新义不愿意签字，销售人员则说："这是总公司提供的合同文本，我们无权更改，但实际上公司成立至今从来没有逾期交房的事，你大可放心。"刘新义半信半疑地在补充合同上签了字。

但直到约定的交房日期，扬翔房地产公司都没有通知刘新义办理交接手续。刘新义找到扬翔房地产公司，扬翔房地产公司称因公司资金链紧张没能按期完工，至少还要推迟半年时间。刘新义虽然生气，但考虑到该房屋各方面比较称心，同意延期，但要求扬翔房地产公司赔偿延期交房的损失。扬翔房地产公司拿出补充合同，说根据合同己方不用承担责任，刘新义是认可的。刘新义非常懊恼，扬翔房地产公司的合同太霸道了，这不是店大欺客吗？

[漫画：补充合同太霸道了！ / 根据合同，己方不用承担责任。 / 扬朔房地产公司]

【说法明理】

生活中，为了满足企业和消费者对交易效率的追求，节约交易时间和成本，格式条款被广泛适用。但有利就有弊，格式条款也常常成为拥有强势地位的一方借机侵害相对方利益的工具。《民法典》第四百九十六条第二款规定了提供格式条款一方的提示义务和说明义务，并规定了违反的后果是相对方可以主张"该条款不成为合同的内容"。但是否履行了提示和说明义务，相对方明知，合同条款就一定有效呢？对此《民法典》第四百九十七条规定："有下列情形之一的，该格式条款无效：（一）具有本法第一编第六章第三节和本法第五百零六条规定的无效情形；（二）提供格式条款一方不合理地免除或者减轻其责任、加重对方责任、限制对方主要权利；（三）提供格式条款一方排除对方主要权利。"

本案中，刘新义对补充合同约定的"扬翔房地产公司逾期交房不承担责任"条款是明知的，因此不能根据《民法典》第四百九十六条第二款主张该条款不成为商品房买卖合同的内容。但是，如果承认了该条款的效力，就意味着扬翔房地产公司一方面占用着刘新义的购房款，另一方面却可以任意将交房期限延长到不可知的未来而不用承担责任，这种对合同责任的免除显然是"不合理"的。因此，应认定该约定无效，扬翔房地产公司仍应依法承担延期交房的违约责任。

10. 订立合同过程中被坑了怎么办？

【身边案例】

吴勇在皮鞋城经营了一家店铺。前段时间，吴勇通过手游认识了现在的女朋友小芳，两人之间的感情很好，但是异地恋却给两人带来了不小的烦恼，于是小芳让吴勇去她老家那边发展。吴勇觉得小芳所在的城市人口多，经济较发达，便计划将皮鞋店转让出去，于是在店门口张贴了转让广告，写明7月8日之前店铺转让有优惠价格，只需20万元。方舟路过时看到广告，觉得该店面的地理位置好、转让价格便宜，刚好他也想创业。于是，方舟向吴勇表达了明确的购买意愿，双方正在就合同细节进行沟通。同一条街的霍西也想转让自家的皮鞋店，得知方舟和吴勇的情况后，便故意对吴勇说为了扩大经营规模想要购买吴勇的店面，并承诺价格肯定比方舟给的更高。吴勇信以为真，中断了和方舟的沟通。后吴勇屡次催促霍西签约，霍西都以各种名义搪塞过去，却不知，霍西已趁机与方舟签订了店铺转让协议。吴勇得知情况后只能再寻买家，但因市场有变不得已以15万元的低价将皮鞋店转让。吴勇越想越生气，就因为霍西的捣乱白白损失了5万元，想要找霍西说说理。

【说法明理】

合同没有签订成功，却造成了损失怎么办？《民法典》第五百条规定："当事人在订立合同过程中有下列情形之一，造成对方损失的，应当承担赔偿责任：（一）假借订立合同，恶意进行磋商；（二）故意隐瞒与订立合同有关的重要事实或者提供虚假情况；（三）有其他违背诚信原则的行为。"该条规定的是缔约过失责任，以诚实信用原则为基础。虽然合同没有签订成功是市场经济的常态，但当事人仍应当"秉持诚实，恪守承诺"，以善良为人的心态与他人沟通协商，而不能将合同作为坑人的工具。否则，要赔偿对方因此造成的损失。

本案中，如果霍西想要出售皮鞋店，大可以与吴勇公平竞争，凭借价格、皮鞋店位置、客源等优势与方舟订立买卖合同，但霍西耍小聪明，明明不想购买吴勇的皮鞋店，还与其磋商沟通，目的无非是干扰吴勇和方舟的交易，以达到与方舟订约的目的，这就违反了市场经济的基本伦理——诚实信用原则。吴勇因无法找到合适的买家只能降价销售，对于由此造成的损失，霍西应承担赔偿责任。

11. 泄露商业秘密应承担法律责任

【身边案例】

精盛公司和百利公司是某市两个主要的农用机械生产商。光联公司有意在精盛公司和百利公司中选择一家公司进行合作。9月13日，在与百利公司的谈判过程中，光联公司取得了百利公司关于最新农用机械设计方案的详细资料。光联公司对百利公司机械的各方面都很满意，但在最后的价格问题上，双方没有谈妥，最终没能成功签订合同。9月17日，光联公司找到精盛公司进行谈判，精盛公司提供的价格十分诱人。于是光联公司与精盛公司签订了合作协议。在此后的合作中，光联公司发现精盛公司的机械存在不足，就将此前与百利公司磋商中获得的最新农用机械设计方案交给了精盛公司。精盛公司凭借该资料生产出和百利公司类似的农用机械，并以低价格优势迅速占领了市场。百利公司因此遭受巨大亏损。百利公司能找光联公司赔偿损失吗？

【说法明理】

在一般的合同订立过程中，不涉及商业秘密问题，因此没有必要将当事人双方在合同谈判过程中交换的信息都予以保密处理。而如果双方当事人最终能够订立合同，即使磋商过程中涉及商业秘密，双方也会通过合同加以安排。但是，如果合同未能订立，当事人对订立合同过程中知悉的对方的商业秘密，是否还有保密的义务呢？《民法典》第五百零一条规定："当事人在订立合同过程中知悉的商业秘密或者其他应当保密的信息，无论合同是否成立，不得泄露或者不正当地使用；泄露、不正当地使用该商业秘密或者信息，造成对方损失的，应当承担赔偿责任。"

该条是对当事人保密义务的规定。在订立合同的过程中，为达成协议，有时双方当事人谈及一些商业秘密是不可避免的，但一般也会提请对方不得泄露。在这种情况下，对方当事人有义务不予泄露，也不能使用。如果违反，应当赔偿由此给对方造成的损失。但在有的情况下，虽然一方当事人没有明确告知对方当事人有关的信息是商业秘密，也没有明确要求对方保密或不得使用，但基于此种信息的特殊性质，按照一般的常识如能加以认定，对方当事人也有保密的义务，否则有悖于诚实信用原则。

本案中，光联公司收到了百利公司关于新型农用机械设计方案的详细资料，该份资料属于不为公众所知悉、能给百利公司带来经济利益、具有实用性并经百利公司采取保密措施的技术信息，属于商业秘密。不论最后合同是否成立，光联公司都不得泄露。但案例中，光联公司将该资料泄露给同行业的精盛公司，给百利公司造成了重大损失，光联公司应当向百利公司承担损害赔偿责任。

12. 越权签订的合同是否有效？

【身边案例】

韩雨是兴华科技公司的法定代表人和总经理。在机器人博览会上，韩雨看中了一款 M2 新型家务扫地机器人。韩雨断定该机器人市场前景广阔，能够给公司带来巨大的利润。经过详细的咨询，韩雨与广耀科技公司签订了一份买卖合同。合同约定：由广耀科技公司向兴华科技公司提供 M2 新型家务扫地机器人 1000 台，每台 1600 元，合同总价 160 万元，广耀科技公司需要在 1 个月内交货。合同还约定兴华科技公司应当自签订合同之日起 10 日内将按货款的 20% 计算的定金汇入广耀科技公司指定的银行账户。合同签订后第三天，广耀科技公司依约发货，但发货后却发现兴华科技公司没有按照合同约定将 32 万元定金汇入指定账户，于是催促兴华科技公司及时支付。不料却被告知，根据兴华科技公司管理章程的规定，公司签订 100 万元以上标的额的合同，都需要经过董事会通过，韩雨的行为属于越权代表，兴华科技公司不承认其与广耀科技公司签订的扫地机器人买卖合同，不同意支付相关价款。

【说法明理】

法定代表人对外代表法人，以法人名义从事民事活动，法律后果则由法人承受。不过，为防止法定代表人滥用权利给法人造成损害，实践中也经常会通过章程、制度、决议等形式限制法定代表人的代表权限。对此，《民法典》第五百零四条规定："法人的法定代表人或者非法人组织的负责人超越权限订立的合同，除相对人知道或者应当知道其超越权限外，该代表行为有效，订立的合同对法人或者非法人组织发生效力。"根据这一规定,当组织内部的职权关系和外部的合同关系发生冲突时,应当优先保护组织的外部关系。在相对人为善意时,法定代表人超越权限或者在职权范围不明的情况下订立的合同仍然有效。

本案中,韩雨以兴华科技公司的名义与广耀科技公司签订买卖合同的行为构成越权代表,但广耀科技公司不可能知道韩雨在兴华科技公司的代表权限受到限制,属于善意相对人,所以双方签订的合同依然有效。

13. 免责声明能否免责?

【身边案例】

赵文是一家科技公司的程序员,为了超额完成工作任务,每天都在公司加班到很晚才回家。一天晚上,赵文结束工作准备回家,可此时天公不作美,瓢泼大雨说下就下。赵文用手机软件打车,等了十几分钟都没有司机接单,他只能打伞在公路边等出租车。终于,他拦到一辆出租车,但是该车已经挂出了"停止营业"的标志,司机郭鹏正准备回家休息。赵文多次招手,郭鹏见状刹车,拉下车窗说:"雨太大了,路上开车不安全,我也困了,今天收工回家。"但经不起赵文的哀求,于是有些生气地撂下一句话:"上车可以,但万一出事了我可不负责,拉你就算是仁至义尽了。"赵文为了早点回家,连连点头称是。路程过了一半,雨势逐渐收敛,但是路面依旧湿滑。当车开到一处转弯的地方,郭鹏因用蓝牙耳机和家中的妻子通话导致精力不集中,并未注意前方转弯处有电线杆,车子撞上电线杆,赵文被甩出车外受伤。赵文康复出院后找到郭鹏,要求其赔偿自己的医药费。郭鹏不同意赔偿,说:"我们之前说好了的,发生意外概不负责。那天晚上我已经停止载客了,是出于好心才搭载了路边多次招手的你,结果现在你想让我赔偿你,真是现实版的农夫与蛇!"

【说法明理】

现实生活中,合同当事人(往往是处于强势地位的一方)往往会在合同中以特约形式减轻或免除自己未来可能要承担的责任。虽然基于合同的自由原则,法律允许当事人在合意的基础上作出安排,但为避免合同成为侵害他人利益的工具,也划定了当事人不得逾越的底线。

人身权和财产权是人最基本最重要的权利，有特别加以保护的必要，为此，《民法典》第五百零六条规定："合同中的下列免责条款无效：（一）造成对方人身损害的；（二）因故意或者重大过失造成对方财产损失的。"这样规定主要是因为以上行为在本质上违反了法律关于任何人不得侵害他人人身和财产的一般义务。如果允许当事人通过免责条款排除损害对方人身的责任，或者免除故意或重大过失的财产责任，势必会威胁法律秩序，有违我国的立法宗旨和公序良俗。

"发生意外不负责"违反了《民法典》第五百零六条的规定，属于无效免责条款。郭鹏仍应当按照《民法典》关于侵权责任或运输合同中承运人责任的规定，承担法律责任。

14. 什么是合同之中的"附随义务"？

【身边案例】

王婷厌倦了每天忙忙碌碌挤地铁上下班的生活，于是辞去了广告公司的工作，凭借自己不错的文学功底转行成为一名网络写手。她每天在家码字，闲暇时养花遛狗，生活十分惬意。最近，她写的一本悬疑小说受到了广大网友的喜爱，赚了转行后的第一桶金，于是王婷决定去商场购物犒劳自己。当她路过一家奢侈品店铺时，便鬼使神差地走了进去。她之前从未买过奢侈品，对里面的东西也不是很熟悉，但店员靠着一张巧嘴讨得了王婷的欢心。在店员的极力推荐之下，王婷咬牙花1万多元购买了一个奢侈品包。王婷拿到包后就迫不及待地拆了吊牌直接背上回家了，店员也没有告诉王婷该包的使用、维修及保养方法。过了一段时间，王婷见包脏了便用湿布进行擦拭，擦完后却发现该包的皮件出现了掉色和轻微损坏，于是找到该店铺，要求其赔偿损失。但店铺经理却认为王婷应当知道该奢侈品包不能用水洗，掉色损坏是由王婷造成的。

【说法明理】

诚信原则是民法的基本原则，被誉为"帝王条款"，可以作用于整个民事领域。诚信不仅有利于他人、有利于自己，更有利于社会的和谐。《民法典》第五百零九条第二款以诚信原则为基础，规定了合同履行的附随义务，即"当事人应当遵循诚信原则，根据合同的性质、目的和交易习惯履行通知、协助、保密等义务"。附随义务的目的在于确保合同目的的实现，维护合同当事人的合法权益。既然源于诚信原则，附随义务也就不以当事人在合同中进行约定为限，即使当事人没有约定，也可以"根据合同的性质、目的和交易习惯"产生。同时，附随义务也并非自合同关系开始就已经确定，而是可以"根据合同的性质、目的和交易习惯"，随着合同关系的发展而逐步产生。

  本案中，王婷与奢侈品店铺之间成立了买卖合同关系，基于诚信原则，店铺应当告知王婷与该包正确使用有关的必要信息，说明使用、维修及保养方法。而店铺并没有履行上述义务，也就违反了作为出卖人应当承担的附随义务。对因此造成的损失，奢侈品店铺应当承担相应的赔偿责任。

合 同 篇

15. 质量约定不明确怎么办？

【身边案例】

王平在顺来小镇上开了一家餐馆，因其做的麻辣水煮鱼味道麻辣鲜香，并号称每天只卖100条鱼，许多人慕名而来，生意越做越大，越来越红火。为了找到可靠的原材料供应，王平跑遍了顺来镇上的所有鱼塘，终于找到了清水鱼养殖大户姜超。二人从此开启了长期稳定的供货关系，由姜超每天将100条清水鱼送到顺来鱼馆，每条鱼的重量不低于1.5千克，每千克16元。在多次的业务往来过程中，因姜超每次提供的鱼都非常好，二人一直保持稳定的合作关系。一天，姜超像往常一样送鱼到餐馆，但因水中氧气没有打足，很多清水鱼在到达餐馆之前就已经死亡，存活的仅剩下30条。因为此前姜超提供的一直都是活鱼，王平认为这次的清水鱼存在质量问题，提出要么姜超再

回去捞70条活鱼过来，要么仅存活的30条活鱼以每千克16元的价格结算，至于其余70条，因营业在即，来不及去找其他鱼贩购买活鱼，则以每千克6元的价格结算。姜超不同意，认为装车的时候清水鱼是活的就行，反正马上都是要杀掉的，时间很短的情况下根本不影响食用，不同意降价处理。

【说法明理】

商业活动中，因双方当事人之间长期进行友好合作而在合同中就部分事项没有明确约定的情况时有发生。一旦发生纠纷，就容易各说各话，缺乏衡量孰是孰非的标准。对此，《民法典》第五百一十条规定："合同生效后，当事人就质量、价款或者报酬、履行地点等内容没有约定或者约定不明确的，可以协议补充；不能达成补充协议的，按照合同相关条款或者交易习惯确定。"该条明确了交易习惯可以作为衡量孰是孰非的标准。但交易习惯的适用是有条件的，要求：双方对某些事项没有约定、约定不明或者对条款的解释存在歧义；双方的交易行为具有长期性，行为的内容具有惯常性；交易习惯必须是在惯常的交易过程中所形成的一种双方均认可的交易方式或交易内容。

本案中，王平和姜超存在长期的业务往来，虽然二人并没有明确约定每次提供的清水鱼必须是活鱼，但在多次的业务往来过程中，二人之间形成了姜超提供活鱼、王平按照活鱼数量进行结算的交易方式，这一交易方式为双方所认可。因此，在二人没有特别约定的情况下，应当维持这一交易模式。姜超的行为构成违约，王平可以要求其继续履行合同，即"提供活鱼"。

16. 网络购物的交付时刻如何确定？

【身边案例】

任雅的手机陪伴她度过了大学的四年时光，虽然时常出现一些小问题，并不影响主要功能的使用，但任雅还是想换部新手机体验一下最新潮流。2020年毕业工作后，任雅将每个月的工资节省一些，准备在"双十一"购入某品牌新出的5G手机。"双十一"当日，任雅以优惠的价格抢到手机，满怀期待地等着快递上门，享受开箱的快乐。11月13日晚，任雅刷微博看到热搜："某某物流运输车辆发生交通事故起火，所载货物全部烧毁……"随后得知，自己新买的手机也在这辆起火的物流运输车上。任雅十分困惑，手机被烧毁了，到底是算卖方的还是算自己的？

【说法明理】

网络交易平台让消费者足不出户就可以充分了解所感兴趣的产品的外观、参数、功能和价格等信息，消费者还可以在网上和购买同款商品的网友就商品的质量、性能等进行深入交流，而且网购也经常能取得更优惠的价格。但是，网购也存在一定的问题：不能即买即用，商品在运输过程中、签收之前还存在着毁损的风险。在动产买卖中，原则上标的物交付之前所有权属于出卖人，毁损、灭失的风险也归出卖人；标的物交付之后，所有权属于买受人，毁损、灭失的风险也转移到买受人身上。那么，网购中如何确定交付的时间节点呢？《民法典》第五百一十二条第一款规定："通过互联网等信息网络订立的电子合同的标的为交付商品并采用快递物流方式交付的，收货人的签收时间为交付时间。电子合同的标的为提供服务的，生成的电子凭证或者实物凭证中载明的时间为提供服务时间；前述凭证没有载明时间或者载明时间与实际提供服务时间不一致的，以实际提供服务的时间为准。"因此，在网上购买商品，商品采取快递物流方式交付的，收货人的签收时间为交付时间。

本案中，任雅在网上购买手机，属于通过互联网等信息网络订立电子合同，其标的为交付商品。卖家以快递物流的方式交付，应当以任雅的签收时间为交付时间。换句话说，手机在签收之前的毁损、灭失风险由出卖人承担，签收之后则由买受人承担。本案中，手机因物流运输车辆发生交通事故起火被毁损，还没有签收，因此应当由卖家承担手机毁损、灭失的风险。

17. 药品定价下跌怎么办？

【身边案例】

科华医药公司是经批准从事麻醉药品生产的有限责任公司，新光第二人民医院的麻醉药品一直都是由科华医药公司供应的。2021年2月，新光第二人民医院的某麻醉药品库存即将达到预警值，于是向科华医药公司填写报送了"麻醉药品申购单"。科华医药公司详细核对了新光第二人民医院需要的麻醉药品的数量及各项章印，确认其申购单符合卫计委规定的麻醉药品品种范围及购用限额的规定，同意以政府定价每盒50元的价格出售给新光第二人民医院某型号麻醉药品。按照惯例，科华医药公司应当在7日内（3月1日前）将该批麻醉药品送到新光第二人民医院。不过，第二天科华医药公司的生产设备就出现了故障，停产检修了3天，导致直到3月5日才将麻醉药品送到。不巧的是，3月3日，为降低患者负担，政府将该型号麻醉药品的定价由每盒50元降为40元。如此一来，双方就产生了分歧：科华医药公司认为合同既然已经成立并生效，应当按照约定时的价格即每盒50元结算；而新光第二人民医院则认为，科华医药公司的迟延履行行为已经构成违约，违约后的降价风险应当由科华医药公司承担，否则，自己宁愿解除原来的合同再重新按照新价格订立合同。

【说法明理】

我国对麻醉药的使用有严格的管控措施，原国家食品药品监督管理局在2005年就制定了《麻醉药品和精神药品管理条例》，对麻醉药品实行政府定价。2015年，国家发改委发布《关于印发推进药品价格改革意见的通知》，对大部分药品实行市场定价，但对麻醉药品和第一类精神药品仍实行政府定价，因此涉及合同签订后政府定价变化是按原来的合同履行还是变更为新价格的问题。对此，《民法典》第五百一十三条规定："执行政府定价或者政府指导价的，在合同约定的交付期限内政府价格调整时，按照交付时的价格计价。逾期交付标的物的，遇价格上涨时，按照原价格执行；价格下降时，按照新价格执行。逾期提取标的物或者逾期付款的，遇价格上涨时，按照新价格执行；价格下降时，按照原价格执行。"

　　本案中，新光第二人民医院向科华医药公司购买的麻醉药品属于政府定价类药品。科华医药公司由于自身设备原因导致不能按照合同约定及时向新光第二人民医院交付该批麻醉药品，逾期交付该麻醉药品时，其价格已由每盒 50 元变为每盒 40 元。依据《民法典》第五百一十三条的规定，逾期交付标的物，遇价格下降，应按照新价格即每盒麻醉药 40 元执行。

18. 无法确定份额的按份债权

【身边案例】

随着社会的发展和时代的进步，驾驶机动车已经成为当代年轻人的必备技能。为了跟上时代的步伐，卫阳决心去考驾驶证。他在学车时认识了张弛，二人很快成了无话不谈的好哥们儿。一晃5年过去了，卫阳和张弛成了老司机，二人之间的交情也日渐深厚。因为对现有工作不满意，又考虑到自己技能比较单一，二人都有意买辆出租车从事客运业务。于是卫阳和张弛分别辞了原来的工作，左拼右凑加上借款花了26万元一起买了一辆汽车，办理了营运手续跑运输。二人约定单数日由张弛开车营业载客，双数日由卫阳开车营业载客，收入先用于偿还借款；借款还清后，二人各自负担自己跑运输期间的油费，保险费等二人一人一半，收入方面自己挣的钱自己花。一晃又是几年过去了，一天，轮到张弛出车，恰巧卫阳要去该市人民政府办事儿，于是由张弛开车，送卫阳过去。在去往目的地途中，遇到酒驾超速逆行的李江，两车相撞，张弛和卫阳的小汽车被撞坏。双方经过协商，由李江赔偿5万元。现在的问题是，二人除了保险费等是一人一半负担之外，其他都是各自收支。至于买车的费用，因时间久远，加之当时一起借款一起还，已经没法计算各自究竟偿还了多少。那么，5万元赔偿款，张、卫二人如何分？

【说法明理】

《民法典》第五百一十七条规定："债权人为二人以上，标的可分，按照份额各自享有债权的，为按份债权；债务人为二人以上，标的可分，按照份额各自负担债务的，为按份债务。按份债权人或者按份债务人的份额难以确定的，视为份额相同。"按份债权，是"连带债权"的对称，是指债权人为二人以上时，按照确定的份额享有的债权。由此可知，要想构成按份债权，需要具备债权人为二人以上，同时给付基于同一原因，债的标的物可分，债权人依据一定的份额享有债权等条件。在按份债权中，各个债权人都只能就自己的债权份额向债务人请求和接受清偿，而无权就整个债权受偿。如果一个债权人受领的履行超过自己受领的份额时，若能够认定为是代其他债权人受领，则可以构成无因管理；否则就其超过受领份额的部分，构成不当得利，应向对其履行债务的债务人返还不当得利。

　　本案中，张弛和卫阳按份共有小汽车，李江因醉酒逆行将该小汽车撞坏，构成侵权。债权人为张弛和卫阳，符合债权人二人以上的条件；李江的给付是基于机动车交通事故的同一原因；5万元为金钱债务，具有可分性，因此构成按份债权。但是由于张弛和卫阳并没有约定内部具体份额比例，也没有明确的出资比例，导致债权人各自的份额难以确定，应当视为份额相同。因此，张弛和卫阳可以平分该笔赔偿款。

19. 连带债务的内外关系

【身边案例】

张鑫和周宇大学时是舍友，二人关系很好，毕业后一起创业。刚开始二人大赚了一笔，但由于经验不够丰富，生意出现危机，不得已向好友韩壮借款人民币100万元。韩壮同意借钱给他们周转3个月，并可以不要利息，但要二人共同借款，承担连带责任，同时要求提供抵押担保。二人同意，并以周宇的房产作为抵押，办理了抵押登记。债务到期后，韩壮找到张鑫要求清偿债务，张鑫将自己银行卡中所有的钱都转给了韩壮，一共80万元。后来张鑫觉得自己负担太多了不合理，即便是亲兄弟也得明算账，于是找到周宇。但是由于生意失败，二人关系也受到影响，周宇以张鑫判断失误才导致生意失败为由，不同意平均承担债务，只同意向韩壮清偿剩余的20万元债务。周宇和张鑫二人因此发生争执。那么，谁对谁错呢？

【说法明理】

《民法典》第五百一十九条规定："连带债务人之间的份额难以确定的，视为份额相同。实际承担债务超过自己份额的连带债务人，有权就超出部分在其他连带债务人未履行的份额范围内向其追偿，并相应地享有债权人的权利，但是不得损害债权人的利益。其他连带债务人对债权人的抗辩，可以向该债务人主张。被追偿的连带债务人不能履行其应分担份额的，其他连带债务人应当在相应范围内按比例分担。"该条规定的是真正的连带债务。连带债务是就全体债务人与债权人的这一外部关系而言，每一个债务人对全部债务均负有履行义务，实际上相当于以全体债务人的全部财产担保债务履行。连带债务人之一通过清偿使债权人对连带债务人的债权消灭的，由作出清偿的连带债务人在一定范围内向其他连带债务人追偿，并相应地取得原债权人的地位，取得原债权人所享有的担保权等权利。但部分清偿的情况下，债权人的债权要优先保护，清偿债务的连带债务人取得的债权人的权利应劣后于债权人的剩余债权。总之，连带债务是"对外连带、对内按份，债权人优先"。

本案中，张鑫和周宇为连带债务人，二人需共同向韩壮承担清偿责任，而韩壮也可以向二人中的任何人要求清偿，直到全部清偿完毕。因此，即便是张鑫已经清偿了80万元，韩壮也可以要求张鑫继续清偿。至于在内部关系上，因张鑫和周宇之间的份额无法确定，应视为内部份额相等，二人各自负担50万元。也就是说，张鑫向韩壮清偿的80万元债务超过了他需要承担的份额，可以就超出的30万元向周宇追偿，并可以相应地行使韩壮对周宇的抵押权。如果抵押财产市值仅剩40万元，就40万元的分配，按照不得损害债权人利益的规定，这40万元应当优先偿还给债权人韩壮，余下的部分张鑫才可以主张。

20. 错过的 99 朵玫瑰

【身边案例】

方芳在大学校园里遇到了秦昊，二人一见钟情，十分甜蜜，身边的朋友都羡慕不已。大学毕业后，由于工作原因，二人分隔两地，每天只能通过社交工具视频聊天抒发相思之情。情侣因为异地分手的案例太多，秦昊并不希望因为异地影响了与方芳的感情。为了两人之间的感情能够保鲜，秦昊想给他与方芳的感情添加"防腐剂"——玫瑰花。5月21日是方芳的生日，于是秦昊通过网络联系到方芳单位旁边的一路有你花店，订了99朵玫瑰花。双方约定由一路有你花店于21日17点30分之前将该捧玫瑰花束送达给方芳，方芳也可以下班后到花店自取。秦昊微信告知方芳此事，方芳十分高兴，称她下班后就前往一路有你鲜花店取花。方芳下班后，在17点40分到达一路有你花店，花店却告知她，由于店员的疏忽，玫瑰花卖完了。方芳很不高兴，要求其赔偿自己的损失，花店应该赔偿吗？

【说法明理】

合同虽然是两方关系，但履行过程中通常会涉及第三人，有需要向第三人履行的合同，也有由第三人履行的合同，本案所涉即属前者。对此，《民法典》第五百二十二条分两款进行了规定。第一款规定："当事人约定由债务人向第三人履行债务，债务人未向第三人履行债务或者履行债务不符合约定的，应当向债权人承担违约责任。"理论上称为不真正的利益第三人合同，虽然合同的履行对第三人有益，但第三人并不直接享有对债务人的权利，一旦出现违约，只能由债权人向债务人主张。与此相对，第二款规定："法律规定或者当事人约定第三人可以直接请求债务人向其履行债务,第三人未在合理期限内明确拒绝,债务人未向第三人履行债务或者履行债务不符合约定的,第三人可以请求债务人承担违约责任;债务人对债权人的抗辩,可以向第三人主张。"理论上称为真正的利益第三人合同,第三人因此享有请求债务人履行合同的权利,也可以在债务人违约时请求债务人承担违约责任。

  本案中,秦昊为了维系与女朋友的感情,和一路有你花店签订玫瑰花的买卖合同,同时约定女友方芳可以直接请求一路有你花店交付玫瑰花,属于第五百二十二条第二款所规定的真正的利益第三人合同。据此,方芳不但享有请求一路有你花店交付符合约定的玫瑰花的权利,还可以在一路有你花店的履行不符合约定时,请求一路有你花店承担继续履行、赔偿损失等违约责任。

21. 50万元欠款谁来还?

【身边案例】

2019年6月,段天与任城签订借款协议,约定:鉴于任城经营的主题餐厅因疫情生意惨淡造成资金周转困难,现向段天借款100万元,借款期限3个月,双方未约定利息。到期后,任城无法清偿债务,但他对周知享有债权,于是和段天商量,让周知代为偿还。周知同意现在可以给段天50万元,余下的50万元在2个月内还清。在周知向段天支付50万元后,任城收回段天手里的借款协议,二人重新签订了协议书,协议书载明:任城于2019年10月向段天所借100万元已由周知偿还50万元,余下50万元由周知在2个月内还清。可是到了12月底,周知并没有按期向段天偿还任城剩下的50万元欠款。段天找到周知,周知说:"我只是答应了任城,和你有什么关系,我也没有在协议书上签字,你凭什么找我要钱?"段天又找到任城,没想到任城说:"我们都签了协议书,约好的由周知代我向你偿还借款,你也同意了。如今周知没有按期偿还,你应该去找周知,此事与我何干?"段天真不知道该如何是好。

【说法明理】

合同虽然是两方关系,但履行过程中通常会涉及第三人,有需要向第三人履行的合同,也有由第三人履行的合同,本案所涉即属后者。对此,《民法典》第五百二十三条规定:"当事人约定由第三人向债权人履行债务,第三人不履行债务或者履行债务不符合约定的,债务人应当向债权人承担违约责任。"在本条规定中,"当事人"是指订立合同的双方,即债权人和债务人约定由第三人向债权人履行债务,构成法律意义上的第三人代为履行，其法律后果有二：一是债权人应该接受第三人的履行，二是因为第三人只是代替债务人履行债务，并非合同当事人，所以当第三人违约时，应当由债务人而非第三人向债权人承担违约责任。

本案中，任城向段天借款100万元，周知代其偿还50万元后，借款合同的当事人仍然是任城和段天，其中段天为债权人，任城为债务人。10月份二人签订的协议书，也不能改变这一关系。任城并没有退出其与段天之间的民间借贷关系，而周知也没有因债务承担或债务加入而成为债务人，其只是任城履行债务的辅助人，即《民法典》第五百二十三条规定的第三人。因此，当周知没有按照段天和任城约定的期限支付50万元时，段天只能要求债务人任城承担违约责任。另外，对于任城和周知之间存在的由周知向段天支付50万元的约定，周知不履行合同时，任城可以请求周知向自己承担违约责任。

22. 一手交钱一手交货的"同时履行抗辩权"

【身边案例】

孔锐和周继强从小一起长大,家都在安乐县。毕业后,两人又在同一个单位上班,不过单位地址在安乐县隔壁的同良县。二人都住在单位安排的职工宿舍,周末不上班的时候便一起回家。时间久了,孔锐和周继强觉得每周回家都需要换乘,十分不方便。二人发现,每个月来往安乐县和同良县之间的车费和开车的油钱差不多,且自己开车更加方便,于是决定共同出资购买一辆小汽车。机缘巧合之下,孔锐得知同村人谢之有一辆车要出售。二人联系到谢之,但此时车被谢之爱人开出去旅游了,要3天后才能回来。三人经过协商,在口头上达成了一致:孔锐和周继强以10万元的价格向谢之购买其所有的小汽车,5日内完成车辆的交付和过户。但是,半个月过去了,谢之没有

向孔锐和周继强交付小轿车，孔锐和周继强也没有向谢之支付汽车价款。一个周末，孔锐和周继强找到谢之。谢之说："你们不给我钱，我以为你们不要车了。"孔锐和周继强则认为，谢之没有按约定时间交车，属于违约在先。双方相互解释后，很快完成了交易。

【说法明理】

老话常说："一手交钱一手交货。"这种观念在法律上也有体现。《民法典》第五百二十五条规定："当事人互负债务，没有先后履行顺序的，应当同时履行。一方在对方履行之前有权拒绝其履行请求。一方在对方履行债务不符合约定时，有权拒绝其相应的履行请求。"该条规定的是同时履行抗辩权，适用的前提条件是双务合同当事人互负债务，债务没有先后履行顺序。双务合同的当事人是对等的，权利义务相互牵连，一方不履行自己的债务而要求对方履行，意味着只享有权利而不承担义务，这显然与公平的观念背道而驰。同时履行抗辩权允许一方在他方未履行以前，可以拒绝自己的履行，从而有利于督促对方履行义务，并有利于维护交易秩序。

本案中，谢之与孔锐和周继强之间是买卖合同，属于典型的双务合同，符合"互负债务"的要求；口头协议中没有约定是先交付车辆还是先交付车款，属于"没有先后履行顺序"。因此，孔锐和周继强与谢之应当同时履行，即"一手交钱一手交货"。孔锐和周继强请求谢之交付小轿车，谢之可以以孔锐和周继强没有支付汽车价款为由行使同时履行抗辩权，拒绝孔锐和周继强的要求；同理，谢之请求孔锐和周继强交付汽车价款，孔锐和周继强也可以以谢之没有交付车辆为由行使同时履行抗辩权，拒绝谢之的要求。

23. 先履行的"不安"

【身边案例】

万倩到红星家具公司定做家具,经过协商,双方订立了一份承揽合同。合同约定,红星家具公司按照万倩提供的图纸加工2套桌椅、1个茶几和2个衣柜,交货时间为3月1日。万倩应在合同订立之日支付加工费1万元,余款3万元在10日内支付。万倩用微信支付了1万元加工费,红星家具公司也立即安排人员开工。然而,2月19日,安全生产监督管理部门在例行检查过程中发现红星家具公司的生产车间存在严重的安全隐患,责令红星家具公司停业整顿1个月。2月21日,万倩到红星家具公司查看加工进度,顺便支付余下的加工费,看到公司停业,非常诧异。得知真实情况后,万倩考虑是否需要修改自己的装修计划,红星家具公司负责人则承诺,一定会想办法争取如期交付。后来,双方谈到余款事宜,万倩认为,既然现在如期完工出现了很大的不确定性,自己的余款也就暂时不交了,等红星家具公司交货时再支付。但红星家具公司的负责人则不同意,对万倩说:"合同约定的是3月1日交货,现在还没到呢,你怎么知道我们一定交不了,一定会违约?虽然交货的时间没到,但你支付余款的时间确实到了,你如果不支付,就是违约。"

【说法明理】

对于双务合同,如果没有约定先后履行顺序,则一方请求对方履行时,对方享有同时履行抗辩权;如果约定了先后履行顺序,则先履行的一方不履行而请求后履行的一方先履行时,后履行的一方享有先履行抗辩权;但如果约定了先后履行顺序,后履行的一方请求先履行的一方履行时,先履行的一方是否还享有抗辩权呢?对此,《民法典》第五百二十七条规定:"应当先履行债务的当事人,有确切证据证明对方有下列情形之一的,可以中止履行:(一)经营状况严重恶化;(二)转移财产、抽逃资金,以逃避债务;(三)丧失商业信誉;(四)有丧失或者可能丧失履行债务能力的其他情形。当事人没有确切证据中止履行的,应当承担违约责任。"该条规定的是不安抗辩权,也就是说,如果事情的发展使得先履行的一方对后履行的一方能否依约履行债务产生严重的"不安",则可以拒绝其要求己方先履行的请求。

  本案中,按照万倩和红星家具公司的约定,应当是万倩先支付加工费余款,红星家具公司后交付加工的家具,该承揽合同为双务合同且存在先后履行顺序。但是,从目前情况来看,红星家具公司显然无法按时交付家具,因此万倩行使不安抗辩权中止履行并不构成违约。如果红星家具公司在合理期限内既未恢复履行能力也未提供适当担保,则万倩可以解除合同并请求红星家具公司承担违约责任。

24. 买家找不到了怎么办？

【身边案例】

钟正银经营了一家水果超市。国庆节期间，他在农家乐游玩时发现周边的橘子树硕果累累，想购进一些。钟正银找到种植农户邱富，品尝橘子后，发现与他之前批发购入的橘子口味不同，这种橘子更加清甜爽口。钟正银认为如果这种橘子在城里售卖，一定会广受欢迎，于是当即决定先买100千克橘子试卖。因以后几天还要在外旅游，钟正银支付了货款后与果农邱富约定，7日后即10月8日，将该批橘子送到秀碧区解放路28号正银水果超市。到了10月8日，邱富如约将橘子送到解放路28号，却发现该处店铺门市倒塌。询问周边邻居才知道，前几天刮台风，正银水果超市因为有很大一部分是临时建筑，台风一来全垮了。邱富赶紧和钟正银联系，但电话一直没能接通。邱

富等了一个下午,也没见钟正银回话。面对这种情况,邱富真的不知道该如何是好。如果拉回去,一来橘子已经采摘,拉回去也没有办法储存;二来如果钟正银回来,还得再送一次货,费时费力。买家找不到了,这可怎么办?

【说法明理】

合同的履行需要债权人的协助,债务人履行债务时,债权人有义务配合受领。如果因为债权人的原因导致合同履行发生困难,债权人应负受领迟延的责任。一方面,在债权人受领迟延期间,债务人无须支付利息;另一方面,在买卖合同之中,标的物毁损、灭失的风险从受领迟延时起转移至买受人。但是,受领迟延并不能免除债务人的债务,并不能消灭债权债务关系。债务人要脱离合同的拘束,需要其他制度安排。对此,《民法典》第五百二十九条规定:"债权人分立、合并或者变更住所没有通知债务人,致使履行债务发生困难的,债务人可以中止履行或者将标的物提存。"据此,债务人可以在中止履行或者提存标的物这两种方式之间进行选择。中止履行使债务人不必承担履行迟延的违约责任,提存则是指由于债权人的原因而无法向其交付合同标的物时,债务人将该标的物交给法定的提存机关,从而可以消灭债务。

本案中,钟正银与邱富之间的买卖合同已经成立并生效,买受人钟正银支付了价款后,其债务消灭。出卖人邱富应当承担转移标的物的所有权于钟正银的债务,具体来说就是将约定的 100 千克橘子交付给钟正银。钟正银变更住所没有通知邱富,导致邱富履行债务发生困难,邱富可以中止债务的履行,也可以将 100 千克橘子向提存机关提存。不过，因橘子容易腐烂、不易保管，《民法典》第五百七十条第二款规定："标的物不适于提存或者提存费用过高的，债务人依法可以拍卖或者变卖标的物，提存所得的价款。"因此，邱富可以将拍卖或变卖的100千克橘子的价款向提存机关提存，提存后视为已向钟正银交付橘子，钟正银与邱富之间的相应债权债务归于消灭。

25. 提前履行支出的费用由谁承担？

【身边案例】

乔艳以优惠的价格租下了舅舅的店铺，该店铺位于发采街88号，十分吉利。乔艳的舅舅之前在此开了一家面馆，生意相当火爆，许多人都慕名而来，但是由于生病需要休养，加上年纪大了，这才决定将这块宝地租给想要开咖啡店的乔艳。乔艳认为自己也能如舅舅般将店铺经营得红红火火。5月3日，乔艳从舅舅手中租下店铺后，随即联系艺科装修公司对店铺进行重新设计装修，艺科装修公司表示，他们的优势在于速度快、质量好、价格低，在6月1日以前就能装修好店铺，双方签订了装修合同。同日，乔艳从木祥公司购买了咖啡店营业所需的20套桌椅，总计8万多元，约定木祥公司在6月1日将该批桌椅送达。木祥公司接到订单后加班加点制作，5月26日就将该批桌椅送到了咖啡店。由于咖啡店的装修还未完工，店铺内不能安置该批桌椅，若拉回去再送，又装又卸的也太费周章。于是，乔艳联系了附近一家货场，花费了1500元将该批桌椅放置于仓库中，并要求木祥公司承担这1500元的支出。

【说法明理】

在合同履行过程中，履行期限十分重要，是否按照合同约定的期限履行合同义务，是判断合同主体是否构成违约的重要因素。一般来说，迟延履行肯定构成违约，要承担违约责任，因此有些当事人会选择提前履行债务，那么提前履行是否一定就不存在问题呢？《民法典》第五百三十条规定："债权人可以拒绝债务人提前履行债务，但是提前履行不损害债权人利益的除外。债务人提前履行债务给债权人增加的费用，由债务人负担。"拒绝提前履行对债权人而言是一项权利，债权人可以行使，也可以放弃。

  本案中，乔艳与木祥公司成立买卖合同关系，木祥公司提前将该批桌椅送到咖啡馆，构成提前履行债务。木祥公司提前交付货物，此时乔艳的咖啡馆还在装修，因此乔艳有权利拒绝木祥公司的提前履行。考虑到来回装卸的问题，乔艳并没有拒绝木祥公司的提前履行，而是选择将该批桌椅寄存于货场的仓库中。乔艳多花的1500元正是由于木祥公司提前送达桌椅造成的，因此，应当由木祥公司负担。

26. 疫情导致无法出行，预订的酒店能退吗？

【身边案例】

许静作为一个从来没有玩儿过雪的南方人，每次看到在北方上大学的高中同学在朋友圈晒堆雪人、银装素裹的雪景照时，她都十分羡慕。于是许静计划圣诞节前往哈尔滨看雪，顺便找高中同学宋眯玩儿。距离圣诞节还有一段时间，许静早早地就在网上寻找民宿。12月10日，许静在网上看好并预订了一家民宿。她计划乘坐12月24日晚上7点的飞机，于当日晚上11点到达北方某县入住民宿。身未动，心已远，还未到24日，许静已经在脑海中进行了云旅游，她十分期待此次旅行。但是计划赶不上变化，12月24日，许静所在的县城发布紧急通知，她所在的小区由于疫情实行封闭管控。许静电话联系民宿说明原因，要求退款，而民宿经营方不同意全额退款。

【说法明理】

俗话说："天有不测风云，人有旦夕祸福。"有的合同从成立到履行完毕往往需要很长时间，中间存在着很多变数，影响合同的顺利履行。这些变数有些是主观方面的，当事人可以控制；有些是客观方面的，当事人无法把握；有些是订立合同时就存在的，也有些是在合同订立后才产生的。如果一概要求按照合同约定履行，则往往会造成不公平的结果。对此，《民法典》第五百三十三条规定："合同成立后，合同的基础条件发生了当事人在订立合同时无法预见的、不属于商业风险的重大变化，继续履行合同对于当事人一方明显不公平的，受不利影响的当事人可以与对方重新协商；在合理期限内协商不成的，当事人可以请求人民法院或者仲裁机构变更或者解除合同。人民法院

或者仲裁机构应当结合案件的实际情况，根据公平原则变更或者解除合同。"这就是情势变更制度，在合同订立后因客观情势发生重大变化，导致当事人之间权利义务严重失衡的情形下，通过变更或解除合同，以消弭合同因情势变更所产生的不公平后果。构成情势变更的"对于当事人一方明显不公平的"，应是指继续履行合同会造成一方当事人履约能力严重不足、履约特别困难、继续履约无利益并对其利益造成重大损害，明显违反公平、等价有偿原则等情形。

　　本案中，许静与民宿两者之间的合同已然成立并生效，但是由于疫情导致其不能入住。本次疫情是许静在订立合同时无法预见的、不属于商业风险的重大变化，继续履行对许静明显不公平。因此许静也可以根据《民法典》第五百六十三条第一款第一项，以"因不可抗力致使不能实现合同目的"为由，通知民宿解除合同。

27. 为逃避债务低价卖房的行为可以撤销

【身边案例】

2020年12月5日,王小强将位于河源市核心商圈的海盛花园小区25栋6单元1502号125平方米的房屋,以85万元的价格卖给了自己的表妹张灵灵。双方签订房屋买卖合同,并到不动产登记部门办理了过户登记。经调查,与该房屋类似的房屋每平方米市价为9800元,该套房屋市值约130万元。那么,为什么王小强会以这么低的价格出售呢?原来是一年前,王小强因资金周转困难向好友刘虎借款200万元。不料借款后两人因琐事交恶,昔日的好友成为今日的路人。眼看着还款日期将至,王小强不但没有还钱的打算,还想出了一个主意,将自己的房屋以低价卖给了表妹。用王小强的话说:"与其便宜了王小强,还不如便宜了自家亲戚。"不过,张灵灵可不知道王小强的打算,只道是表哥重视亲情接济她。张灵灵在一家工厂打工,结婚后上有老下有小,生活过得举步维艰。本来张灵灵就想买套核心地段的房子,一来一家五口人住在50平方米的老房子,不太方便;二来也是想有套学区房,方便孩子以后上学。张灵灵看到表哥将房子低价卖给自己非常感动,此时的她还不知道这次在她看来再正常不过的交易将面临一场复杂的诉讼。

【说法明理】

基于财产处分自由原则,权利人当然可以自由地处分自己的财产,即便是无偿赠与,亦无不可。但是,对于债务人,因为他的财产是对债权人债务的总担保,如果不当减少,势必会影响到债权人的利益。因此,法律在特别情况下,也允许债权人干预债务人的不当处分财产行为。《民法典》第五百三十九条规定："债务人以明显不合理的低价转让财产、以明显不合理的高价受让他人财产或者为他人的债务提供担保，影响债权人的债权实现，债务人的相对人知道或者应当知道该情形的，债权人可以请求人民法院撤销债务人的行为。"本条与《民法典》第五百三十八条的区别在于：第五百三十八条的情形，不涉及交易安全，所以不需要考虑相对人是否知情；而本条的情形，涉及交易安全，所以需要以"相对人知道或者应当知道"为条件。

对于"明显不合理的低价"和"明显不合理的高价"，《全国法院贯彻实施民法典工作会议纪要》（法〔2021〕94号）第九条规定："人民法院应当以交易当地一般经营者的判断，并参考交易当时交易地的物价部门指导价或者市场交易价，结合其他相关因素综合考虑予以认定。转让价格达不到交易时交易地的指导价或者市场交易价百分之七十的，一般可以视为明显不合理的低价；对转让价格高于当地指导价或者市场交易价百分之三十的，一般可以视为明显不合理的高价。"

本案中，从价格角度来看，是符合"明显不合理的低价"这一条件的，张灵灵对"明显不合理的低价"也是知情的，只是她并不知道王小强逃债的动机。

王小强和张灵灵的合同应予以撤销。

28. 债权可以转让吗？

【身边案例】

李玉、王琳夫妻二人曾在2020年5月1日向梁露借款58万元，并于同日出具借条一张，载明："今向梁露借款现金五十八万元（580000.00元），月息1分，自2020年6月起每月月底前至少偿还3万元，直到本息全部还清为止。"李玉、王琳和梁露三人在借条上面签了字，梁露当天向李玉银行账户转账58万元。此后，李玉和王琳一直按照约定的方式还款。

2020年10月1日，赵起生找到李玉和王琳，表示自己是梁露的债权人，梁露已经将她对李玉和王琳债权中的18万元转让给了自己，并拿出有梁露和赵起生签字的《债权转让协议书》，上面写明："截至2020年9月底，李玉和王琳尚欠梁露本金46万元（利息另算）；截至2020年9月底，梁露尚欠赵起生18万元。梁露和赵起生本着自愿原则达成本协议。梁露将对李玉和王琳债权中的18万元转让给赵起生。李玉和王琳应先向赵起生偿还18万元，梁露和赵起生之间的债权债务关系在本协议签订后消灭。"李玉和王琳将信将疑，向梁露打电话确认了真有此事。面对赵起生要求一次性支付18万元的要求，李玉和王琳心里犯了嘀咕："只听说过买卖东西，难道欠钱也可以转来转去吗？就是能转，以前说好的每月还3万元，怎么换了个人就不算数了？"

【说法明理】

如同其他财产一样，债权也是可以转让的。《民法典》第五百四十五条规定："债权人可以将债权的全部或者部分转让给第三人，但是有下列情形之一的除外：（一）根据债权性质不得转让；（二）按照当事人约定不得转让；（三）依照法律规定不得转让。当事人约定非金钱债权不得转让的，不得对抗善意第三人。当事人约定金钱债权不得转让的，不得对抗第三人。"可见，债权以可以转让为原则，不能转让为例外。在本案中，不存在不得转让的情形，特别是因为属于金钱债权，无论是否有不得转让的约定，第三人均可以主张已经发生的转让效力。

本案中，梁露与赵起生的协议将梁露对李玉和王琳的部分债权转让给赵起生，该债权转让合同已经成立并生效，由此债权人变成了梁露和赵起生，二人根据各自份额对李玉和王琳享有债权。因为已经通知了李玉和王琳，所以二人应承担向赵起生支付18万元的义务，该部分不能再向梁露清偿。另外，根据《民法典》第五百四十八条规定："债务人接到债权转让通知后，债务人对让与人的抗辩，可以向受让人主张。"原来的债务是分期清偿，每月月底之前清偿3万元，李玉和王琳享有期限利益，对此不但可以向原来的债权人梁露主张，也可以向新债权人赵起生主张。另外，因《债权转让协议书》约定应先向赵起生清偿，李玉和王琳只能在向赵起生清偿后再向梁露清偿余下部分。

29. 债务转移须经债权人同意

【身边案例】

刘红的老家在河北，是有名的苹果之乡。这里地处太行山麓，生长出的苹果个大饱满，香脆多汁，冰糖心的大红苹果经常贴着家乡的标签远销海外。看着乡亲们的日子过得越来越红火，刘红也眼馋了，她承包了村里三座山头的苹果树，一心想着将"苹果事业"做大做强。又是一年的农忙时节，经过专家们的精心指导，刘红今年种植的苹果产量预计比去年要高两成。但是，与产量提高相应的给苹果套袋的工作量也大幅增加。因为气候等方面的原因，需要尽快将全部苹果套上袋子。于是刘红全家总动员，刘红两口子和公公婆婆，加上婆婆的弟媳妇儿都加入了套袋的行列，但是人手仍然不够，刘红不得不在本村找来苏阳等15名村民加入套袋的工作之中。但是，因为资金前期投入不小，再加上苹果还没到销售阶段，刘红没有余钱支付劳动队队员的工资。眼看到年关了，刘红的丈夫王成想到镇里的晓月果酱厂还有一笔尾款没有结清，于是就和晓月果酱厂商量，由晓月果酱厂来支付苏阳等15名村民的工资，晓月果酱厂欣然同意，双方为此还签订了债务转让协议书。不过，当刘红告知苏阳等人让晓月果酱厂给付工资时，遭到了苏阳的拒绝。那么，刘红这样做有法律依据吗？

【说法明理】

债权可以转让，债务当然也可以转移，不过债务转移的规则和债权转让大有不同。债权转让不需要债务人同意，债务转移则需经债权人同意。毕竟每个人的债务清偿能力不同，而债务清偿能力涉及债权人的债权能否实现。对此，《民法典》第五百五十一条规定："债务

人将债务的全部或者部分转移给第三人的,应当经债权人同意。债务人或者第三人可以催告债权人在合理期限内予以同意,债权人未作表示的,视为不同意。"债务转移又称为免责的债务承担,与其相对的是并存的债务承担(债务加入),规定于《民法典》第五百五十二条。第三人加入后,原来的债务人并不退出债务,仍要承担债务,这种情况对债权人并无不利,所以只要"债权人未在合理期限内明确拒绝"即可,而不需要其同意。

  本案中,刘红作为债务人,本应积极履行债务,其想通过债务转移的方式支付苏阳等15名村民的工资,同时消灭自己和晓月果酱厂、村民之间的债权债务关系,方式上当然可以,但需要经过债权人苏阳等人的同意。债权人不同意的,不能产生债务转移的法律效力。

30. 合同终止之后还有义务

【身边案例】

南方某市一直是纺织业、服装制造业的聚集区，当地抓住了服装制造业发展的黄金时期，无论是成人服装还是儿童服装，在质量、样式等方面一直都引领着全国的时尚潮流。都丽婷是福建厦门人，2015年2月受聘担任广州静美儿童服装公司华北地区业务部经理，聘期5年，因此掌握了公司在华北地区市场的销售渠道、客户名单等重要的商业信息。2020年3月，都丽婷从广州静美儿童服装公司聘期届满离职。几年工作下来，都丽婷收入不低，加之其擅长投资，已经积累了不少财富。于是，都丽婷想环游世界，出去见见世面。临行前都丽婷与妹妹都丽美告别，恰巧都丽美正准备进军儿童服装市场，就对姐姐说："你这几年积累了这么多人脉，一走了之太可惜了，不如把这些信息告诉我，也算是没有浪费。"都丽婷心存顾虑，认为老东家对自己不错，这样做有些不厚道。都丽美则说："在职期间你任劳任怨是应当的，但你们的合同已经结束，你们之间已经没有关系了，你也没有义务再为他们保密。"都丽婷觉得妹妹的话也有道理，就把之前掌握的一些信息告诉了妹妹，自己则环游世界去了。都丽美利用这些信息迅速打开了市场，而广州静美儿童服装公司却因此失去了许多客户。

【说法明理】

诚信原则是民法也是合同法的基本原则，贯穿于合同的始终，最典型的体现就是附随义务。随着合同实践的发展，诚信原则也开始在时间上向前和向后延伸。"向前"表现在合同即使没有成立或生效，当事人也负有"前合同义务"；"向后"体现在即使合同已经终止，当事人也要负担"后合同义务"。《民法典》第五百零一条规定的是前合同义务，第五百五十八条规定的是后合同义务，即"债权债务终止后，当事人应当遵循诚信等原则，根据交易习惯履行通知、协助、保密、旧物回收等义务"。

  本案中，都丽婷虽然已经从广州静美儿童服装公司离职，但都丽婷掌握的客户资源等信息是她的职务行为带来的，属于广州静美儿童服装公司的资源，并非属于都丽婷本人，如果该信息泄露，势必会给广州静美儿童服装公司造成损失。因此，虽然都丽婷与广州静美儿童服装公司的合同关系已经终止，但基于诚信原则，仍应保守秘密。如果违反了该项义务，广州静美儿童服装公司有权根据《民法典》第五百七十七条要求都丽婷承担赔偿损失等违约责任。

31. 提存标的物的毁损、灭失风险

【身边案例】

2021年8月,墨林艺术学校和利仁纸业公司签订买卖合同,约定墨林艺术学校购买宣纸20箱,合同总价款9万元。墨林艺术学校应在合同签订后立即支付全部价款,利仁纸业公司应在合同签订后5日内将宣纸送到墨林艺术学校。

合同签订后的第四天,利仁纸业公司如约将宣纸运到墨林艺术学校。不料,墨林艺术学校大门紧闭。打电话给学校的负责人白宣才知道,因为违规开展义务教育阶段学科类科目的校外培训,违反了国家刚刚出台的"双减"政策,墨林艺术学校被勒令停业整顿,事发突然,也没来得及通知利仁纸业公司。白宣告诉利仁纸业公司:"还是先把宣纸拉回去吧,等重新开业了再送过来。"利仁纸业公司则不同意。可白宣不听,仓促挂了电话,再打已不再接听。于是,利仁纸业公司将运来的宣纸向当地公证部门提存,并微信通知了白宣。

半个月后,墨林艺术学校整顿结束重新开业。当白宣到提存部门提取宣纸时,被告知由于前几日突发几十年不遇的大暴雨,仓库进水,导致宣纸全部被浸湿,已经无法继续使用。墨林艺术学校为此和利仁纸业公司发生争执,墨林艺术学校认为,宣纸还没有交到自己手上,所以该损失应当由利仁纸业公司承担;利仁纸业公司认为,是墨林艺术学校的原因导致学校关门,没有按时接收宣纸,宣纸被浸湿,己方没有过错,不应当承担责任。

【说法明理】

本案中,墨林艺术学校作为买受人有义务在利仁纸业公司交付宣

纸时予以受领，被教育部门要求停业整顿并不能成为其拒绝受领的正当理由。墨林艺术学校完全可以提前通知利仁纸业公司，并与其协商变更交付日期，或者在宣纸送达时寻找其他地点存放。因此，墨林艺术学校的行为符合《民法典》第五百七十条第一款第一项"债权人无正当理由拒绝受领"的规定，利仁纸业公司有权将标的物提存。

《民法典》第五百七十一条第二款规定："提存成立的，视为债务人在其提存范围内已经交付标的物。"也就是说，从利仁纸业公司将宣纸交付给提存部门时起，宣纸的所有权已经归属于墨林艺术学校，而利仁纸业公司也履行了其作为出卖人的义务，双方的合同权利义务关系终止。《民法典》第五百七十三条规定："标的物提存后，毁损、灭失的风险由债权人承担。提存期间，标的物的孳息归债权人所有。提存费用由债权人负担。"所以，宣纸因暴雨导致被浸湿的风险和损失应当由墨林艺术学校承担，不仅如此，利仁纸业公司还有权要求墨林艺术学校承担宣纸的提存费用。

32. 领取提存物也有条件

【身边案例】

阳暖纺织厂主要从事纺织品的加工和销售业务，因技术卓越、工艺先进，在当地有一定的知名度。某日，李力作为法定代表人与邻市鑫如意宾馆的总经理顾百胜签订了一份窗帘加工制作合同，约定阳暖纺织厂为鑫如意宾馆加工窗帘200套，自合同签订之日起1个月内交货，鑫如意宾馆应于合同签订当日交付加工费3万元，余款5万元在窗帘交付之日支付。不料，等到阳暖纺织厂依约送货到鑫如意宾馆时，顾百胜却告知李力，因装修工程未能按时完工，现在暂时无法接收窗帘，希望阳暖纺织厂先把窗帘拉回去，等通知再来送货。李力非常生气，如果不能收货早说啊，自己辛辛苦苦几百公里拉过来又让拉回去，这不是耍人吗？于是告诉司机，直接到提存部门将该批窗帘提存。不过因为鑫如意宾馆还有5万元尾款没有支付，李力再三叮嘱提存部门，在鑫如意宾馆未支付5万元尾款时，不得交付窗帘。李力事后将提存事宜告知了顾百胜。2个月后，鑫如意宾馆装修完工，顾百胜到提存部门领取窗帘时被告知，需先支付5万元尾款。

【说法明理】

提存固然可以转移标的物的所有权和毁损、灭失风险，并消灭合同债权债务关系，但基于合同自由原则，债务人在提存时仍可以对提取的标的物设定一定的条件。《民法典》第五百七十四条规定："债权人可以随时领取提存物。但是，债权人对债务人负有到期债务的，在债权人未履行债务或者提供担保之前，提存部门根据债务人的要求应当拒绝其领取提存物。"该条规定了提存部门有权拒绝债权人领取标的物的两个条件：一是债权人对债务人负有到期债务；二是债务人有明确要求。

本案中，鑫如意宾馆尚欠阳暖纺织厂5万元尾款，双方虽然在合同中没有明确约定履行期限，但约定了需与窗帘的交付同时履行，因此该5万元债务已经到期。另外，阳暖纺织厂在提存时也明确提出了鑫如意宾馆需先支付5万元才能提货的要求。因此，满足《民法典》第五百七十四条规定的条件。

鑫如意宾馆可以在支付5万元尾款后提取窗帘，也可以通过提供适当担保的方式来担保该债务的履行，否则，提存部门有权拒绝其提取窗帘的请求。

33. 违约后要"采取补救措施"

【身边案例】

顾云非最近非常忙碌，其创办的第三家云非宾馆就要开业了。现在，装修装潢早已完成，淋浴设施、电视、空调等设备也已经调试完毕，仅剩下购进清洗机了。因宾馆床单等物品需要经常清洗，普通家用洗衣机无法满足需求，急需购进至少3台清洗宾馆床上用品的中型清洗机。经过多方考察和认真比选，顾云非最终选择了卫康牌MK523型中型清洗机。为此，顾云非和卫康公司于2021年1月底签订了清洗机的买卖合同。合同约定，顾云非向卫康公司购买3台MK523型中型清洗机，每台1.6万元，由卫康公司在合同签订之日起3日内送到云非宾馆，双方一手交钱一手交货。欲速则不达，明明想赶快开业，却大事小事不断。卫康公司送来的3台清洗机在3次测试成功后就出现了故障：一台机器操控系统混乱，明明按的是轻柔洗，出来的效果却是普通洗；另一台则干脆连转都不转。卫康公司应当承担什么责任呢？

【说法明理】

《民法典》第六百一十五条规定："出卖人应当按照约定的质量要求交付标的物。"就本案来说，卫康公司不仅要交付清洗机，更是要交付符合法律规定和约定的质量要求的清洗机。否则，卫康公司要对云非宾馆承担违约责任。

《民法典》第五百八十二条规定："履行不符合约定的，应当按照当事人的约定承担违约责任。对违约责任没有约定或者约定不明确，依据本法第五百一十条的规定仍不能确定的，受损害方根据标的的性

质以及损失的大小，可以合理选择请求对方承担修理、重作、更换、退货、减少价款或者报酬等违约责任。"

本案中，卫康公司出售的清洗机出现质量问题，属于履行合同不符合约定，因双方没有对违约责任进行约定，也没有在事后签订补充协议，从买卖合同条款和交易习惯上来看，也无法确定如何处理违约事宜，因此可以按照《民法典》第五百八十二条的规定处理。

具体来说，因本案属于买卖合同纠纷，买卖的标的物属于种类物，云非宾馆可以选择修理，要求卫康公司通过更新软件、更换配件等方式排除清洗机上的瑕疵；云非宾馆可以选择更换，要求卫康公司将交付的清洗机收回，重新交付符合质量要求的清洗机；云非宾馆可以选择退货，要求卫康公司将清洗机收回，实际上相当于解除合同；云非宾馆还可以选择减少价款，在同意接受有瑕疵清洗机的情况下，要求卫康公司退回部分货款。当然，法律规定"合理选择"就是要求云非宾馆在选择时要遵循诚信原则，不能滥用权利。

34. 定金的法律效力

【身边案例】

2021年3月10日，雨燕电子科技公司与热立办公用品厂签订了办公桌椅定制合同，约定热立办公用品厂按照图纸加工高级办公桌椅共200套，每套5000元，总计100万元；热立办公用品厂应在2021年5月1日前将加工好的办公桌椅运送至雨燕电子科技公司的新办公地点，并完成上门安装；雨燕电子科技公司应在合同签订之日起3日内支付定金40万元，余款60万元在交付并安装好桌椅后一次性支付。合同签订的第三天，在热立办公用品厂的多次催促之下，雨燕电子科技公司向热立办公用品厂转账30万元。到了5月1日，雨燕电子科技公司没等到送来的桌椅，倒是等到了热立办公用品厂的致歉电话。热立办公用品厂称因与原料供应商产生纠纷，原料供应商拒绝发货，短期内又无法联系到其他的原材料供应商，恐怕无法再履行合同。雨燕电子科技公司要求热立办公用品厂双倍返还定金60万元。而热立办公用品厂认为是雨燕电子科技公司违约在先，本应交付40万元的定金仅交付了30万元，热立办公用品厂据此可以免于返还定金。

【说法明理】

实践中，人们经常混淆"定金""订金""预付款"等术语，在法律上，只有"定金"才能适用罚则的规定。《民法典》第五百八十六条规定："当事人可以约定一方向对方给付定金作为债权的担保。定金合同自实际交付定金时成立。定金的数额由当事人约定；但是，不得超过主合同标的额的百分之二十，超过部分不产生定金的效力。实际交付的定金数额多于或者少于约定数额的，视为变更约定的定金数额。"据此，定金是实践合同，即使是双方当事人有合同约定，在没有实际交付时，定金合同仍然不成立，更不会生效，所以交付定金数额与约定数额不符时，不能认定为违约，热立办公用品厂的说法没有道理。另外，本案合同标的为 100 万元，则定金数额不能超过 20 万元，超过部分的 10 万元应作为预付款。

《民法典》第五百八十七条规定："债务人履行债务的，定金应当抵作价款或者收回。给付定金的一方不履行债务或者履行债务不符合约定，致使不能实现合同目的的，无权请求返还定金；收受定金的一方不履行债务或者履行债务不符合约定，致使不能实现合同目的的，应当双倍返还定金。"据此，不仅要有违约行为，还必须满足"致使不能实现合同目的"的条件才能适用定金罚则。本案中，热立办公用品厂已经无法交付定制桌椅，合同目的不能实现，因此可以适用定金罚则。具体来说，热立办公用品厂应向雨燕电子科技公司双倍返还定金共 40 万元，以及返还预付款 10 万元，总计 50 万元。

35. 什么是违约后的减损规则？

【身边案例】

刘丽是达宝食品加工厂采购部负责人，经多方考察之后以达宝食品加工厂的名义与云南海海水果基地签订合作协议，约定云南海海水果基地每月向达宝食品加工厂提供新鲜香蕉、椰子和柠檬各2500千克，采取送货上门的方式交付，误差在5%以内据实结算；达宝食品加工厂应当在收到货物后及时检验，不符合约定标准的，应当在收到货物4个小时内通知云南海海水果基地；合同有效期限1年。双方还约定了检验标准、检验方法、单价确定方式以及结算方式等。合同履行的第四个月，因为疫情的影响，云南海海水果基地的一车香蕉迟于通常时间3天到达，达宝食品加工厂在检验时发现已经不符合双方约定的标准，于是刘丽电话通知云南海海水果基地。云南海海水果基地之前没遇到过这种情况，一时也不知如何处理，就告诉刘丽让其帮忙降价处理掉算了。达宝食品加工厂认为既然对方不在意，也就没放在心上，香蕉就一直放在达宝食品加工厂的仓库里。过了几天，香蕉全部腐烂。云南海海水果基地认为已经委托达宝食品加工厂处理，所以应当由达宝食品加工厂承担损失；达宝食品加工厂则认为自己并没有接收对方的委托，所以损失应当由云南海海水果基地承担。

【说法明理】

合同履行过程中，如果出现违约行为，违约方固然需要承担违约责任，但基于诚信原则，非违约方也不能放任损失的扩大。《民法典》第五百九十一条规定："当事人一方违约后，对方应当采取适当措施防止损失的扩大；没有采取适当措施致使损失扩大的，不得就扩大的损失请求赔偿。当事人因防止损失扩大而支出的合理费用，由违约方负担。"理论上称这种义务为不真正义务，即义务人对自己利益的照顾义务。违反不真正义务，不需要向对方承担法律责任，但会导致自己可以向对方主张承担法律责任的份额相应减少。

  本案中，云南海海水果基地作为出卖人负有交付符合法律规定和约定质量标准的水果的义务。经检验，香蕉不符合标准，云南海海水果基地构成违约。不过，此时达宝食品加工厂仍可采取措施避免损失的进一步扩大，如将香蕉出售、交由具备储存条件的保管人保管、采取措施延长保质期限等，由此产生的费用由云南海海水果基地承担。达宝食品加工厂未采取措施，放任损失进一步扩大，对扩大的这一部分损失，不得请求云南海海水果基地赔偿。

36. 合同具有相对性

【身边案例】

许建国经营着一家名为美奥家具厂的个人独资企业，其业务范围包括生产和销售各种等级的橱柜、衣柜、桌椅等木制家具。一天，吴文君来到美奥家具厂，希望定制一套红木组合家具，包括沙发套装、书柜、书桌和餐桌、餐椅等，准备给儿子装备婚房。考虑到这套家具对木料品质要求比较高，寻找原材料需要时间，许建国表示合同期限不能少于2个月。于是，双方签订了书面合同，美奥家具厂应当在2个月内将加工好的家具送货上门，合同总价款30万元，于签订合同时吴文君先支付5万元定金，美奥家具厂备好原材料开始加工时支付20万元，余款在收到货验收无误后支付。合同签订后，许建国找到木料供应商张常德。张常德的工厂没有存货，但拍胸脯保证在半个月内可以找到，于是许建国通过银行转账给了张常德10万元作为预付款。可过了半个月，许建国打电话询问时，张常德表示还没有进展，只能尽力。眼看就要到交货日期了，张常德仍然没有找到合适的木料。因为家具没有及时交付，耽误了儿子的婚期，吴文君十分生气，找到许建国要求双倍返还定金10万元，许建国不但拒不返还，还振振有词地说："这事也不能怪我，我也是受害者，张常德把我骗了。"

【说法明理】

合同的相对性，是指合同的效力存在于合同当事人之间，只能约束和保护合同当事人，而不能及于合同外的第三人。《民法典》第五百九十三条规定："当事人一方因第三人的原因造成违约的，应当依法向对方承担违约责任。当事人一方和第三人之间的纠纷，依照法律规定或者按照约定处理。"

本案中,美奥家具厂和吴文君间是承揽合同关系,吴文君是定作人,美奥家具厂是承揽人。美奥家具厂和张常德间是买卖合同关系,张常德是出卖人,美奥家具厂是买受人。因此,对承揽合同来说,张常德是第三人,张常德既不享有承揽合同上的权利,也不负担承揽合同上的义务;对买卖合同来说,吴文君是第三人,吴文君既不享有买卖合同上的权利,也不负担买卖合同上的义务。

因此,当张常德不能交付原材料进而导致美奥家具厂无法按时完成加工任务时,应当由张常德向美奥家具厂承担违约责任,由美奥家具厂向吴文君承担违约责任。美奥家具厂不能以第三人原因导致违约为由来进行抗辩。

37. 标的物的毁损、灭失风险谁承担？

【身边案例】

李云龙和孟迪亚要结婚了，二人通过中介相中了位于花苑小区3栋4楼的一套三居室住房。房子比较新，刚建成3年，1、2楼为临街商铺，出行购物非常方便。房主赵刚前年购入该房，准备用作和女朋友的婚房，装修完毕还没有入住，不料结婚前夕女朋友出车祸死亡。赵刚心灰意冷，准备到外地发展。李云龙和孟迪亚对房子的各个方面都很满意，于是和中介签订了房屋买卖居间合同，约定由中介代办过户事宜；和赵刚签订了房屋买卖合同，约定3日内交付房屋，1个月内办完过户手续，房屋价款120万元，交付和办理登记前各支付60万元。合同签订后的第二天，双方如约见面，李云龙和孟迪亚将60万元转账到赵刚的银行账户，赵刚将房屋钥匙交给二人。李云龙和孟迪亚找来搬家公司，当天就把物件全部搬到新房中，开始在新房中享受婚前的二人世界。不巧的是，某日因2楼某火锅店对明火处置不当，导致火势蔓延到4楼。虽然消防出警及时，大火被迅速扑灭，但李云龙和孟迪亚的房子还是受到了很大影响，其中两间房着过火，需要重新装修，各项损失加起来在20万元左右。李云龙和孟迪亚觉得晦气，不想再买这套房子了，赵刚当然不同意。于是，李云龙和孟迪亚提出要由赵刚负担20万元损失，理由是房子还没有过户，所有权仍属于赵刚。

【说法明理】

标的物毁损、灭失的风险，是指"因不可归责于双方当事人的原因导致的"标的物毁损、灭失的风险，原因方面主要包括不可抗力、意外事件和第三人原因。其适用的前提是合同当事人对此没有过错；如果合同当事人存在过错，不属于风险负担问题，应当按违约责任或侵权责任来解决。《民法典》第六百零四条规定："标的物毁损、灭失的风险，在标的物交付之前由出卖人承担，交付之后由买受人承担，但是法律另有规定或者当事人另有约定的除外。"一方面，允许当事人对风险负担进行约定，体现了合同自由原则；另一方面，在无约定时采取交付主义，而非所有权主义，也就是说，不管标的物所有权是否已经转移给买受人，只要标的物完成了交付，毁损、灭失的风险就转移到买受人手中。这种所有权转移和毁损、灭失的风险转移的差异在房屋买卖中表现得尤为明显。

本案中，房屋已经交付于李云龙和孟迪亚，但所有权仍属于赵刚，根据《民法典》第六百零四条，毁损、灭失的风险应由李云龙和孟迪亚承担，其可以请求火锅店承担侵权责任，但与赵刚之间的买卖合同不受影响，仍应按原来的约定履行。

38. 出卖人瑕疵担保责任的减免

【身边案例】

赵辉在某商场麦芒品牌专卖店看中了一台双开门立式冰箱。售货员告诉赵辉，这台冰箱是样品机，要购买的话得1周后才能到货。赵辉家里的冰箱已坏，已经等不及要用了，加之新机太贵，就想着能不能把这个样品机以便宜的价格买回去。售货员听说赵辉要买样品机，经请示领导，确认可以出售，并把有关这台样品机的几处问题写进合同之中，以作为瑕疵加以告知。首先是外观上，由于顾客的经常触摸，冰箱门存在一定程度的磨损；其次是电动机，因已经通电展示，电动机本身也有所损耗；再次是机身，货品在搬运时发生磕碰，在冰箱门左侧上角有磕碰痕迹，长度约1厘米。双方签订买卖合同，原价1.7万元的冰箱以七折出售给赵辉，赵辉在合同中认可冰箱存在瑕疵，并放弃就任何瑕疵主张权利。赵辉支付了全部价款后，麦芒品牌专卖店将冰箱打包装车送到赵辉家中。不过在使用后才发现，冰箱的制冷功能有问题，制冷时间比之前的冰箱要长得多，另外似与说明书上说的冰箱冷冻隔间能达到零下18度不符。于是赵辉找到专业测试机构帮忙测试，发现仅能达到零下14度。赵辉找到麦芒品牌专卖店理论，才得知原来店家早就发现了问题，只是当时的售货员刚来，还不知道这个情况，就把冰箱卖了。赵辉要求麦芒品牌专卖店退货和赔偿，麦芒品牌专卖店则认为，赵辉明知冰箱有瑕疵，享受了折扣优惠，还在合同中放弃主张瑕疵担保的权利，不能再索赔。

【说法明理】

在买卖合同中，出卖人负有瑕疵担保责任，包括权利瑕疵担保和质量瑕疵担保。权利瑕疵担保是指出卖人有义务保证第三人不向买受人主张任何权利，质量瑕疵担保则是指出卖人应当按照约定的质量要求交付标的物。关于质量瑕疵，又包括两类：一是外观瑕疵，当事人可以通过观察感知；另一类是隐蔽瑕疵，要借助于专业手段才能确定。对于外观瑕疵，因已为买受人所了解，并成为确定价格的考量因素，因此通常不会产生"不符合约定质量"的问题。但因隐蔽瑕疵的存在，通常会导致标的物的质量与法律规定或当事人的约定不符。

基于合同自由，如买卖双方对瑕疵责任作出减免的约定，自无不可；但基于诚信原则，且为保护买受人利益，这一约定也应有限制。《民法典》第六百一十八条规定："当事人约定减轻或者免除出卖人对标的物瑕疵承担的责任，因出卖人故意或者重大过失不告知买受人标的物瑕疵的，出卖人无权主张减轻或者免除责任。"本案中，虽然约定赵辉放弃主张瑕疵担保，但该瑕疵是源于出卖人的重大过失未予告知，出卖人仍不得主张免除责任的约定有效。

39. 先验收后签字

【身边案例】

许敬雨是《使命召唤》的超级玩家,为了获得淋漓尽致的沉浸式体验,他购买了一套最新上市的游戏电脑。为了腾出空间,许敬雨将旧电脑在网上挂出售卖。刘和也是网游迷,最近想升级自己的装备,但因手头拮据,买不起新装备,看到许敬雨发的信息和照片,非常高兴,于是主动和许敬雨联系。经过协商,二人最终以1.4万元成交,出售的装备包括电脑显示屏、主机、游戏用键盘、鼠标和音响。双方约定,刘和先通过微信向许敬雨转账1万元,余下的4000元在收到装备验收无误后通过微信支付。许敬雨将装备照片发给刘和,以作验收之用。快递公司上门取货时,许敬雨特地在打包前后进行了拍照,并将照片一并发给刘和。3天后,网上显示快件已经签收,但一直没收到刘和的余款,于是许敬雨打电话催收。刘和回复,最近几天和同学出去玩,是室友帮忙签收的,回去后再验收回复许敬雨。等了2天,刘和打来电话,告知主机和照片相比有明显磕碰,另外没有音响,要求许敬雨退款。许敬雨则认为,自己已经将全套装备交邮,既然已经签收,就没问题了,不应当现在才提出来,进而要求刘和付清余款。

【说法明理】

在买卖合同中,为避免出卖人和买受人就交付的标的物是否符合约定产生纠纷,法律规定了买受人的检验义务,并特别对检验期限和外观瑕疵、隐蔽瑕疵的处理作了规定。《民法典》第六百二十一条第一款规定:"当事人约定检验期限的,买受人应当在检验期限内将标的物的数量或者质量不符合约定的情形通知出卖人。买受人怠于通知

的，视为标的物的数量或者质量符合约定。"第六百二十三条规定："当事人对检验期限未作约定，买受人签收的送货单、确认单等载明标的物数量、型号、规格的，推定买受人已经对数量和外观瑕疵进行检验，但是有相关证据足以推翻的除外。"两者的区别在于，约定检验期限，而未在约定期限内通知的，直接认定（"视为"）为标的物的数量和质量符合约定，买受人即使有证据，也不能推翻这一结论，以作为对其怠于通知的"惩罚"；相反，如果未约定检验期限，则签收会被认定（"推定"）为数量和外观与约定相符，但允许买受人举证推翻这一结论。

本案中，许敬雨与刘和并没有约定检验期限，则签收（无论是刘和签收还是其委托的人签收）即意味着可以推定按照约定的数量和外观收到了标的物。因许敬雨在交邮时拍了照，而刘和无法举证证明从签收到发现问题的很长一段时间里收到的装备维持了签收时的状态，因此可以认定许敬雨已经按照约定完成了交付，刘和应当履行支付4000元余款的义务。

40. 崔敏芝的烦恼

【身边案例】

崔敏芝在网上给母亲买了一个艾灸仪和一个足疗按摩器。谁知到货之后发现，艾灸仪面板按钮可用但遥控器不能用，足疗按摩器遥控器可用但面板按钮不能用。崔敏芝觉得晦气，要求退货不要了，结果两个卖家都不同意。艾灸仪卖家说可以再邮寄一个遥控器来，但请崔敏芝将原来的遥控器寄回；足疗按摩器卖家说可以再邮寄一个足疗按摩器来，但请崔敏芝将原来的足疗按摩器寄回。这次不成功的网购让崔敏芝烦透了。

【说法明理】

在民法理论上，对于物，依照彼此之间的主从关系，可以分为主物和从物。从物是主物的对称，指非主物的成分，但常助主物发挥经济效用，而与主物同属一人的物。从物需是非主物的成分，如果是主物的成分，则实际上与主物是一个物，而从物和主物是两个不同的物；常助主物发挥经济效用，指经常辅助主物发挥功能，缺少从物，主物的功能将不完整；与主物同属一人，如果与主物分别归属于不同的人，则缺乏必要的法律上的牵连，没有在法律上一起加以规定的必要。《民法典》第三百二十条从物权角度进行规定，即"主物转让的，从物随主物转让，但是当事人另有约定的除外"。而在买卖合同中，主要涉及主物或从物不符合约定的质量或要求，而买受人可以解除合同时，如何处理主物和从物的关系？对此，《民法典》第六百三十一条规定："因标的物的主物不符合约定而解除合同的，解除合同的效力及于从物。因标的物的从物不符合约定被解除的，解除的效力不及于主物。"

本案中，艾灸仪和艾灸仪的遥控器、足疗按摩器和足疗按摩器的遥控器，均符合以上3个条件，从而各自构成主物和从物的关系。不过，艾灸仪本身并没有问题，只是遥控器不符合约定质量，导致不能实现合同目的，因此崔敏芝可以就遥控器解除合同，但其效力不及于艾灸仪。足疗按摩器遥控器虽没有问题，但足疗按摩器本身不符合约定质量，导致不能实现合同目的，因此崔敏芝可以就足疗按摩器解除合同，同时基于足疗按摩器与遥控器的主物和从物关系，该解除的效力及于遥控器。

41. 什么是"一物和他物""一批和他批"？

【身边案例】

白云通过网络渠道向大腕食品公司购买了一套燕窝补品，包括新鲜燕窝和燕窝伴侣（辅料奶制品、坚果和花胶等）。白云一次性购买了一年的量，总计3万元。大腕食品公司需每周末通过快递将下一周的燕窝补品交付给白云。白云一次性付清了全部价款，双方还对燕窝补品的组成、数量、重量、规则、邮寄和包装方式、期限等问题作了详细约定。白云在接下来的6个月中陆续收到按照流程发出的快递，每次收到食品后，白云都仔细检查食品质量等方面与约定相符无误后才放心食用。到了第七个月，白云察觉到燕窝伴侣的味道和之前的不太一样，食用口感远不如前。经详细比对和了解，才知道大腕食品公司在未告知白云的情况下，将A牌花胶更换成了B牌花胶。白云向大腕食品公司提出异议，大腕食品公司解释说是原来的花胶供应商破产了，不得已更换了新的供应商。白云不太喜欢新的口味，希望大腕食品公司不再邮寄燕窝补品，并退还未邮寄部分的价款，大腕食品公司不同意。

【说法明理】

在民法理论上，对于物有不同分类，本案涉及的是一物和他物、一批和他批的关系。就本案中燕窝补品中的新鲜燕窝和燕窝伴侣来说，如果燕窝伴侣专为辅助新鲜燕窝的食用，则两者之间是从物和主物的关系；如果燕窝伴侣可以独立食用，或者在合同中主要为独立食用，偶尔可辅助燕窝的食用，则两者之间是一物与他物的关系。另外，因燕窝补品为每周交付一次，还涉及一批（本批次）和他批（以后批次）

的关系。

关于一物和他物,《民法典》第六百三十二条规定:"标的物为数物,其中一物不符合约定的,买受人可以就该物解除。但是,该物与他物分离使标的物的价值显受损害的,买受人可以就数物解除合同。"关于一批和他批,《民法典》第六百三十三条规定:"出卖人分批交付标的物的,出卖人对其中一批标的物不交付或者交付不符合约定,致使该批标的物不能实现合同目的的,买受人可以就该批标的物解除。出卖人不交付其中一批标的物或者交付不符合约定,致使之后其他各批标的物的交付不能实现合同目的的,买受人可以就该批以及之后其他各批标的物解除。买受人如果就其中一批标的物解除,该批标的物与其他各批标的物相互依存的,可以就已经交付和未交付的各批标的物解除。"核心是判断对"一"的解除是否在事实上影响到"他",以及是否会影响到合同目的的实现。

本案中，根据白云和大腕食品公司的合同内容和目的，如可以认定燕窝伴侣与新鲜燕窝分离会导致新鲜燕窝的价值明显受到损害，白云可以同时解除本批燕窝伴侣与新鲜燕窝的买卖合同。而如果进一步可以认定，本批与之后各批"相互依存"，则还可以解除以后各批的买卖合同。

42. 凭样品买卖的标的物的质量如何确定？

【身边案例】

碧水御庭酒店已经落成，正在进行内部装修和相关设备、用品的采购。通过公开招标，碧水御庭酒店选择购买玫瑰纺织品公司的窗帘，双方以招标公告为基础签订了买卖合同，约定由玫瑰纺织品公司在30日内提供300套窗帘，总计60万元，签约时碧水御庭酒店付款20万元，余款40万元在货物验收无误后支付。双方还对玫瑰纺织品公司投标时提供的样品及对样品在颜色、材料、图案等方面的说明进行了封存。玫瑰纺织品公司按照约定时间将窗帘送到碧水御庭酒店，但碧水御庭酒店却没有如约支付余款，理由是玫瑰纺织品公司送来的窗帘经比对与样品不符。玫瑰纺织品公司认为，公司非常重视，碧水御庭酒店是连锁酒店，如果本次交易被认可，那以后的订单就会源源不断。为此，玫瑰纺织品特地引进了一台新设备，工艺比之前的更好，窗帘的颜色比之前的更加艳丽，布料比原来的更优。然而碧水御庭酒店不认可玫瑰纺织品公司的说法，双方共同选择了一家鉴定机构，对样品和成品窗帘进行鉴定。结果显示，成品窗帘颜色与样品相比相差较大，图案虽有差别，但不明显，用料上成品比样品更好。

【说法明理】

凭样品买卖，又称货样买卖，是按货物样品来确定和衡量买卖标的物的一种特殊的买卖形式，出卖人交付的货物应当与当事人保留的样品具有相同的品质。日常生活中，订货交易多采用凭样品买卖的方式，其主要理由在于：一方面，买受人基于特殊的目的，对买卖标的物在某些方面有特殊要求，而不必一一向出卖人说明其对于合同目的的影响，敦促出卖人严格按样品交付货物，并保留货物与样品不符时解除合同的权利。另一方面，有样品作为衡量参照，也容易确定交付货物是否符合约定的质量。对此，《民法典》第六百三十五条规定："凭样品买卖的当事人应当封存样品，并可以对样品质量予以说明。出卖人交付的标的物应当与样品及其说明的质量相同。"

  本案中，碧水御庭酒店和玫瑰纺织品公司封存了样品，并对样品的颜色、材料、图案等进行了说明，玫瑰纺织品公司应当交付与封存样品及其说明相同的货物，否则即构成违约。在发现生产出的货物与样品不符时，玫瑰纺织品公司应主动与碧水御庭酒店协商，变更或解除合同，而不能直接交付与样品不符的货物。因此，玫瑰纺织品公司应向碧水御庭酒店承担违约责任。

43. 试用买卖的试用期

【身边案例】

随着年龄的增长,赵芳霞越来越感到力不从心,一天到晚总是腰酸背痛,精神不振。好姐妹李琳建议她买一台按摩椅,操作简单,平常在家就可以放松身心。于是二人相约到了某购物广场,逛了几家店,一直没有选到满意的产品。到了夏星专卖店,服务员张媛根据二人的要求,精选了3款不同型号的产品,一一给二人进行介绍和试用。赵芳霞有点动心,但也很犹豫,这是个大物件,万一买了以后觉得不好,放都没处放。张媛看到赵芳霞的为难,于是告诉她,公司现在正在做推广,可以先交押金,拿回去试用,如果好了就留下,觉得不好可以不买,专卖店负责送货和取回。这下赵芳霞真是动心了,交了800元押金。夏星专卖店安排车辆把按摩椅送到赵芳霞家中并安装好,嘱咐赵芳霞千万不要把外层的塑料膜撕破了。一晃一个星期过去了,夏星专卖店没有联系赵芳霞,赵芳霞也没有联系夏星专卖店。又过了3天,赵芳霞坐不住了,找到夏星专卖店,说家里老头子不让买,请夏星专卖店将按摩椅拉回去。张媛已经离职,接待赵芳霞的负责人表示,已经10天了,早就过了试用期了,赵芳霞应当留下按摩椅,并把余款补上。赵芳霞欲哭无泪,家里留着这么个大家伙,押金也一直没有退回,怎么办啊?

【说法明理】

随着消费升级和营销模式的更新,试用买卖作为一种特殊的买卖形式越来越普遍化。所谓试用买卖,核心就是"先试用再决定是否购买",对此买受人有选择权。试用买卖的首要问题是试用期限,对此,

《民法典》第六百三十七条规定："试用买卖的当事人可以约定标的物的试用期限。对试用期限没有约定或者约定不明确，依据本法第五百一十条的规定仍不能确定的，由出卖人确定。"而第五百一十条规定："合同生效后，当事人就质量、价款或者报酬、履行地点等内容没有约定或者约定不明确的，可以协议补充；不能达成补充协议的，按照合同相关条款或者交易习惯确定。"也就是说，首先是约定优先；其次是双方可以在事后签订补充协议，这仍然属于约定；再次是根据合同条款或者交易习惯进行解释和补充；最后是由出卖人确定。

本案中，赵芳霞和夏星专卖店事先没有约定试用期限，事后没有补充协议，也无法根据双方的合同条款或者交易习惯确定，则应由出卖人夏星专卖店确定试用期限。基于诚信原则，出卖人不能确定具有溯及效力的期限，不能将期限确定为过去的时间，使期限一确定就届满；即使是将来的时间，也应当是对于试用人来说合理的期限。因此，本案中夏星专卖店应另行确定合理的试用期限，试用期限并未届满。

44. 试用买卖：买还是不买？

【身边案例】

一天上午，退休后赋闲在家的王自在看到小区门口新开了一家出售净水器的店铺。店员李菲向王自在详细介绍了净水器的性能，说是将净水器安装在水龙头前侧进水管的管道上，不仅可以过滤掉自来水中的杂质，还可以过滤掉少量的氯；净水器价格便宜，使用方便，对身体有很多好处。听到小小的净水器竟然有如此强大的功能，王自在心中有些不太相信，认为商家在自卖自夸，自己还是耳听为虚眼见为实的好。听说可以试用1个月，就在交纳押金后，让李菲安排工人在自己家安了一台。快1个月了，王自在又来到店中，告诉李菲不想要了。李菲问起理由，王自在说，觉得这台机器出水量小且外观很难看，以各种理由拒绝。李菲告诉王自在："如果没有正当的理由，是不能退的。"

【说法明理】

试用买卖的核心在于买受人有是否购买的选择权，而无须说明理由，至于如何确定选择权是否行使，涉及意思表示规则。《民法典》第六百三十八条规定："试用买卖的买受人在试用期内可以购买标的物，也可以拒绝购买。试用期限届满，买受人对是否购买标的物未作表示的，视为购买。试用买卖的买受人在试用期内已经支付部分价款或者对标的物实施出卖、出租、设立担保物权等行为的，视为同意购买。"

本案中，对于王自在试用的净水器，因法律规定王自在享有选择权，而无须说明理由。因此，王自在应依约将净水器送回或允许出卖人取回，出卖人也应当退还相应的押金。

另外,《民法典》第六百三十九条规定:"试用买卖的当事人对标的物使用费没有约定或者约定不明确的,出卖人无权请求买受人支付。"因此,除非有特别约定,否则出卖人无权要求买受人支付试用期间的使用费。

45. 试用期内的标的物毁损、灭失怎么办？

【身边案例】

林佳在某景区周边开了一家民宿，为吸引游客，她打算购买一台家用投影仪供游客观看电影。林佳来到了提供试用服务的科创投影仪专卖店。经过比选，林佳最终确定了一台具有远程控制功能的投影仪。双方约定试用期为 7 天，林佳需在 7 天内决定是否购买，如果期限到了而林佳没有打电话给科创投影仪专卖店表示拒绝，则视为林佳同意购买。交了押金后，科创投影仪专卖店将投影仪送到林佳的家中，并帮助其安装调试完毕。不料第三天，该地发生地震，导致挂在墙上的投影仪掉落在地上，损坏严重。林佳电话联系专卖店，并要求退还押金。科创投影仪专卖店认为投影仪在林佳使用的过程中毁损，应当由林佳承担责任，因林佳已经无法返还完好的投影仪，应视为林佳的选择权消灭，双方的买卖合同成立，林佳应补交余款。

【说法明理】

试用买卖中标的物虽然已经交付给买受人，但买卖合同能否成立以及买受人能否取得标的物的所有权均取决于买受人如何行使选择权。本案中，林佳和科创专卖店采用试用买卖的方式订立合同，林佳有权在试用期内决定是否购买。问题是，投影仪因地震毁损是否影响其选择权的行使？《民法典》第六百四十条规定："标的物在试用期内毁损、灭失的风险由出卖人承担。"毁损、灭失的风险，是指"因不可归责于双方当事人的原因导致的"标的物毁损、灭失的风险，原因方面主要包括不可抗力、意外事件和第三人原因。《民法典》对买卖合同中标的物的毁损、灭失风险原则上采取交付主义，只要完成交付，标的物毁损、灭失的风险就发生转移，但本条属于法律规定的例外。试用买卖期间，标的物的所有权并未发生移转，仍然属于出卖人。买受人试用的目的是要根据试用情况作出是否购买的决定，让买受人承担标的物毁损、灭失的风险无异于强制在双方之间建立买卖合同关系，是不妥当的。因此，除非当事人另有约定，试用期间应由出卖人承担标的物毁损、灭失的风险。

本案中，投影仪毁损、灭失是由不可抗力造成的，不影响林佳的选择权，林佳可以选择拒绝订立买卖合同，由科创投影仪专卖店取回投影仪，返还押金，相应损失也应由专卖店承担。

46. 必须及时抢修!

【身边案例】

莉莲超市是鸿苑小区内的一家社区便民超市,主要经营日用品、调料、零食、包装食品、蔬菜、水果、冷冻肉和速冻食品等。为了延长保质期,莉莲超市对蔬菜和水果采用制冷机不断喷洒冷气的方式进行保存,对肉类、速冻食品等用快速冷冻无霜无冰的超市专用冰柜进行保存。某日晚上10时开始,当地气温骤降,冷空气带来的暴风雪横扫整个城市,吹断了电线,造成包括鸿苑小区在内的5个小区同时停电,莉莲超市也在停电区域之内。狂风卷着大雪持续了一晚,第二天早上,莉莲超市负责人打电话给供电企业说明停电情况,并要求尽快恢复供电。但是供电企业维修工人直到下午5时才赶到维修现场,晚7时才恢复正常供电,造成了莉莲超市连续21个小时停电。超市内冷冻食品均已融化,产生不同程度的变质,按照食品卫生管理规定已经无法继续销售,损失近万元。莉莲超市要求供电企业赔偿该项损失,但电力公司予以拒绝。

【说法明理】

本案涉及的极端天气在法律上属于不可抗力。《民法典》第一百八十条第一款规定:"因不可抗力不能履行民事义务的,不承担民事责任。法律另有规定的,依照其规定。"《电力法》第六十条第二款规定:"电力运行事故由下列原因之一造成的,电力企业不承担赔偿责任:(一)不可抗力;(二)用户自身的过错。"可见,对于不可抗力造成的损失,供电企业无须承担责任。但是,基于供用电合同,在发生不可抗力之后,供电企业负有及时抢修、恢复供电的义务。《民法典》第六百五十三条规定："因自然灾害等原因断电，供电人应当按照国家有关规定及时抢修；未及时抢修，造成用电人损失的，应当承担赔偿责任。"那么，什么是"国家有关规定"呢？国家电力监管委员会《供电监管办法》第十四条规定："电力监管机构对供电企业处理供电故障的情况实施监管。供电企业应当建立完善的报修服务制度，公开报修电话，保持电话畅通，24小时受理供电故障报修。供电企业应当迅速组织人员处理供电故障，尽快恢复正常供电。供电企业工作人员到达现场抢修的时限，自接到报修之时起，城区范围不超过60分钟，农村地区不超过120分钟，边远、交通不便地区不超过240分钟。因天气、交通等特殊原因无法在规定时限内到达现场的，应当向用户做出解释。"

本案中，对于莉莲超市的损失应分为两部分，对于不可抗力造成的损失，供电企业不承担责任；对于供电企业因为没有及时抢修造成的损失，供电企业应当赔偿。认定赔偿数额的关键是对"及时"与否的判断，需根据暴风雪的猛烈程度、电力设备设施损坏程度以及抢修的可行性等进行综合考量。

47. 赠与人的任意撤销权

【身边案例】

张光明、李丽夫妇是河北人，年轻时在北京打拼，小有积蓄。张光明因工作的关系结识了赵乾，赵乾为人豪爽，在工作和生活上对张光明颇为照顾。又因二人均酷爱收藏名家书画，志趣相投，渐成至交。张光明夫妇为表感谢，决定退休后赠送赵乾一幅知名画家刘辉创作的名为《秋天落叶》的画作，赵乾欣然答应。张光明夫妇退休后返回河北生活，赵乾上门索画。但因近些年刘辉名气越来越高，画作的市场价也越来越高，张光明夫妇觉得《秋天落叶》应该还有很大的升值空间，不想再送给赵乾，于是拒绝了赵乾的要求。赵乾非常气愤，对夫妇二人说："说出来的话哪有收回去的道理，君子一言，驷马难追，就凭我之前对张光明的照顾，你们也不能反悔。"对此，张光明夫妇则认为，赵乾对他们的照顾和他们给赵乾画是两码事，画是白送的，又不是卖给赵乾的，况且画还没有交给赵乾，自己想反悔就反悔。双方分歧巨大，协商无果。那么，张光明夫妇答应送给赵乾画作后究竟能不能反悔呢？

【说法明理】

《论语》中有"与朋友交，言而有信"的说法，我国自古以来尤其看中诚信，有许多赞美诚信的典故，诚信作为中华民族的传统美德也一直为人们所称颂。赵乾认为张光明夫妇言而无信，但张光明夫妇也振振有词。那么，在法律上谁更能获得支持呢？《民法典》第六百五十八条规定："赠与人在赠与财产的权利转移之前可以撤销赠与。经过公证的赠与合同或者依法不得撤销的具有救灾、扶贫、助残等公益、道德义务性质的赠与合同，不适用前款规定。"赠与属于无偿行为，受赠人纯获利益，为避免赠与人因一时头脑发热做出事后后悔的事情，法律特别保护赠与人，赋予其撤销权。也就是说，在特定的情形下，允许赠与人在作出赠与承诺后反悔。所谓特定情形，一是指不能属于经过公证或具有救灾、扶贫、助残等公益、道德义务性质，二是撤销赠与要在"赠与财产转移之前"。如果送给他人的东西是不动产，如房屋、建设用地使用权等，要在登记之前行使撤销权，不管房子是不是已经交给他人使用；如果送给他人的东西是动产，如书画等，要在交付之前行使撤销权。

本案中，赠与合同没有进行公证，也不涉及公益、道德义务性质，且张光明夫妇并没有实际把画作交付给赵乾，属于上述规定的可以撤销赠与的情形。虽然张光明夫妇并没有明确表达"撤销"的字眼，但从他们的意思来看，应被认定为行使撤销权。所以，在张光明夫妇表达了反悔的意思后，赵乾不能再要求张光明夫妇履行赠与合同，交付画作。

48. 任意撤销权也有例外

【身边案例】

李琦和白莉莉是夫妻，二人结婚后生下儿子李一白。李琦购买了所在大学的团购房，但因开发商欠缴土地税费，所以一直未能办理首次登记。结婚7年后，李琦和白莉莉由于常年分居，且性格不合，难阻七年之痒，友好分手。双方签订的离婚协议书约定：儿子李一白由白莉莉抚养，房子归李一白所有，李琦不再负担李一白的抚养费用。为打消白莉莉的顾虑，二人特地在登记离婚后到公证处办理了房屋的赠与公证，约定待将来可以办理登记手续时再过户给李一白。离婚后，白莉莉携李一白搬到娘家居住，李琦仍居住在学校的团购房，两人一直相安无事。直到李一白高中毕业后准备到国外留学筹钱时，才知道团购房早就登记到了李琦名下。于是，白莉莉要求李琦将房屋过户到

儿子名下，或者直接将房屋卖掉把房屋价款作为儿子的出国费用。李琦则表示，房子虽然是赠给儿子的，但在没有过户前自己可以随时反悔。

【说法明理】

法律规定赠与人任意撤销权的目的是避免赠与人因一时冲动作出仓促决定，从而给予其后悔的机会，但其并非没有例外。《民法典》第六百六十条第一款规定："经过公证的赠与合同或者依法不得撤销的具有救灾、扶贫、助残等公益、道德义务性质的赠与合同，赠与人不交付赠与财产的，受赠人可以请求交付。"公证的赠与通常是赠与人深思熟虑的结果，没有必要再对赠与人加以特别保护；既然赠与具有公益性和道德性，赠与人就应当按照承诺交付。对此，《慈善法》第四十一条和第三条作了细化规定，具体包括两种类型：一是捐赠人通过广播、电视、报刊、互联网等媒体公开承诺捐赠的；二是捐赠财产用于扶贫、济困，扶老、救孤、恤病、助残、优抚，救助自然灾害、事故灾难和公共卫生事件等突发事件造成的损害，并签订书面捐赠协议的。

本案中，李琦和白莉莉签订离婚协议并办理离婚登记后，夫妻共有关系已经终止，该房屋也由共同共有变为按份共有，因此公证赠与的实际上是二人对房屋的共有份额。因赠与已经公证，李琦和白莉莉均不能行使任意撤销权，在李琦不履行交付和登记过户义务时，李一白可以起诉到法院要求其履行。

49. 附义务赠与中的撤销权

【身边案例】

孙果年轻时就职于某报社,虽有两段婚姻,但都无果而终,到退休时仍无儿无女。孙果也想开了,自己就一个人终老。因年事已高,生活不便,通过家政公司,孙果聘用了离异的吴小莉为居家保姆。吴小莉人勤手巧,温柔细致,把孙果照顾得妥妥当当,家里也收拾得井井有条。一晃5年过去了,二人的关系越来越好,孙果甚至认了吴小莉为干女儿。孙果在现居住的市中心住房之外还有一套郊区的房改房,面积50平方米,市值约30万元。为了感谢吴小莉的照顾,孙果将该套住房赠与吴小莉,作为认干女儿的礼物。但孙果也留了个心眼,明确说明:吴小莉必须照顾自己终老。在办理房屋过户手续时,因为需要提供合同,孙果特地将这一要求写进了赠与合同之中。3年后,吴小莉认识了男朋友李明,二人很快陷入热恋,李明不忍吴小莉再从事这么辛苦的工作,于是便让她辞了保姆这份工作。吴小莉虽然不舍得孙果,但爱情的力量是伟大的,思虑再三还是决定答应李明的要求。于是吴小莉对孙果说:"我要结婚了,以后就不能再继续照顾你了,你另请一位保姆吧,我会常来看你的。"孙果说:"你既然要辞职,那就把我送给你的房子还给我。"吴小莉觉得很突然,也很惊讶,自己辛辛苦苦照顾孙果8年,房子不是因为感谢自己送给自己的吗?都已经过户了,怎么还要要回去呢?

【说法明理】

有人认为赠与合同是无偿的,不能附加任何义务,否则不构成赠与,这个观点是错误的。赠与合同的主要目的是将赠与财产的权利转移给受赠人。赠与合同可以附义务，所附的义务是赠与合同的组成部分，而不是另外的独立合同。赠与人接受赠与财产所承担的义务，不是接受赠与财产所付的报酬或对价，不能因为赠与附义务而否认赠与合同的无偿性与单务性。《民法典》第六百六十一条规定："赠与可以附义务。赠与附义务的，受赠人应当按照约定履行义务。"第六百六十三条进一步规定："受赠人有下列情形之一的，赠与人可以撤销赠与：（一）严重侵害赠与人或者赠与人近亲属的合法权益；（二）对赠与人有扶养义务而不履行；（三）不履行赠与合同约定的义务。赠与人的撤销权，自知道或者应当知道撤销事由之日起一年内行使。"

本案中，孙果与吴小莉是附义务的赠与合同关系，吴小莉应按照约定履行所附的义务，照顾孙果直至去世。吴小莉请辞，意味着不再履行"照顾孙果到终老"的约定义务，因该义务具有人身性，不能强制履行，孙果只能根据《民法典》第六百六十三条在一年内撤销合同。孙果虽然没有明确表达"撤销"的字眼，但从意思表示解释角度观察，要求吴晓莉归还房屋可以认定是在行使撤销权。因此，吴小莉应当将房屋返还给孙果。

50. 赠与人的瑕疵担保责任

【身边案例】

李强与王东是上庄村村民，二人房子相邻，闲暇时经常一起聊天。王东有一辆农用车，某日驾驶时发现刹车部件的一颗螺丝不见了。王东没太在意，回家后用一根铁丝拧紧继续使用。王东的儿子在北京工作，希望父母能帮忙到北京带孩子。王东想到一去几年无法再回老家，农用车放着也就废了，就把车送给了李强，说："我这个车虽然用了好多年，但是从来没有出现过故障，你再用几年肯定也没问题。"一日，李强在驾驶王东赠与的农用车时因刹车失灵翻到5米多的深坑中，被摔成重伤，住院支出医疗费7.5万元。事故的认定结论显示，农用车刹车系统故障长时间没修理是造成事故的主要原因，李强驾驶操作不当是次要原因。李强在得知真相后要求王东赔偿医疗费用。李强认为，王东明知农用车的刹车存在故障却没有告知，以致自己开车受伤，王东存在过错，应当承担责任。王东则认为，农用车是白送给李强的，李强应当自己检查好车辆再开，之所以出事故是因为李强没有检查，与自己无关。

【说法明理】

实践中，"好心办坏事"的情况经常存在。明明是好心白送给对方礼物，却因礼物有质量问题给对方造成了伤害。对此，既不能像买卖合同一样让赠与人承担瑕疵担保责任，毕竟赠与是无偿的；当然也不能极端到赠与人在任何情况下都不承担责任。《民法典》第六百六十二条规定："赠与的财产有瑕疵的，赠与人不承担责任。附义务的赠与，赠与的财产有瑕疵的，赠与人在附义务的限度内承担与出卖人相同的责任。赠与人故意不告知瑕疵或者保证无瑕疵，造成受赠人损失的，应当承担赔偿责任。"

在赠与合同中，受赠人是纯获利的，赠与人和受赠人不是双务合同中的对待给付关系，所以原则上赠与财产有瑕疵时，赠与人无须承担责任。在附义务的赠与中，实际上相当于将赠与分为两个部分，在附义务的范围内如同买卖合同，在附义务的范围外才是真正的赠与合同，所以法律规定需要在一定范围内承担出卖人的责任。在赠与人故意不告知瑕疵时，存在主观上的恶意，也违背诚实信用原则，赠与人应当承担责任；而在保证无瑕疵时，会因为保证而使受赠人放松警惕，安心使用赠与物，对受赠人的信赖应当予以保护。至于在除此之外的情形，受赠人应承担赠与物存在瑕疵可能导致损害的风险。一言以蔽之，既然赠与是无偿的，对赠与人就不能苛责，受赠人应自行检查、规避、承担瑕疵风险。

本案中，王东赠与李强的农用车虽然存在刹车故障问题，但是王东既未故意不告知瑕疵（只能说王东对不告知存在过失，但不能认定为故意），也未保证无瑕疵，因此，王东不应当承担赔偿责任。

51. 哪些情况可以撤销赠与?

【身边案例】

王丹是王自有的独生女,大学毕业后按照父母的要求回到家乡工作。王自有生意做得不错,家资颇丰,但思想比较保守,不但要求女儿回来继承家业,还要求女婿必须入赘王家。王丹为此和父亲吵了好多次架,还是无济于事。因为要求特殊,王丹相了好多次亲却都无果而终,婚事一拖再拖,直到遇到孙柏春。孙柏春只有小学文化,家庭也一般,但愿意入赘王家。在王自有的极力撮合下,王丹和孙柏春举办了婚礼。王自有不但负担了结婚费用,婚房和汽车也都是他准备的。2021年7月,王自有的一套房子被列入拆迁范围,根据拆迁补偿协议,共分得3套房子和补偿款200万元。为贴补女儿女婿,也为防止将来二人离婚,王自有将2套房子和200万元给了王丹,将另一套房子给了孙柏春,并言明赠与的财产均为二人个人财产,不属于夫妻共有。孙柏春非常生气,多次到王自有家滋事,毁损财物,甚至动手打人。最严重的一次,孙柏春将王自有和王丹殴打至住院,其中王丹多根肋骨骨折,住院治疗1个月,王自有构成轻伤。王自有非常生气,扬言要把给孙柏春的房子要回来。孙柏春则认为,房子既然已经登记在自己名下且自己还未与王丹离婚,王自有不能要回房子。

【说法明理】

《民法典》第六百六十三条规定:"受赠人有下列情形之一的,赠与人可以撤销赠与:(一)严重侵害赠与人或者赠与人近亲属的合法权益;(二)对赠与人有扶养义务而不履行;(三)不履行赠与合同约定的义务。赠与人的撤销权,自知道或者应当知道撤销事由之日起一年内行使。"就本案情形而言，涉及第一款第一项，即"严重侵害赠与人或者赠与人近亲属的合法权益"。

　　赠与人之所以赠与财物给受赠人，通常是源于对受赠人有特殊的感情，如果受赠人反而辜负了赠与人，忘恩负义，则即使赠与财物已经归受赠人所有，赠与人仍可以要回来；即使是根据法律规定不能行使任意撤销权的赠与，也可以撤销。本案中，孙柏春不但严重侵害赠与人，将王自有打成轻伤，还严重侵害了赠与人的近亲属，将王丹殴打至多根肋骨骨折住院1个月，符合以上撤销条件。另外，王自有撤销权的行使与王丹是否与孙柏春离婚没有任何关系，无论王丹与孙柏春的婚姻关系是否持续，王自有都可以行使撤销权。

52. 祸起赠与的 30 万元

【身边案例】

廖怀民和廖怀国是双胞胎兄弟，二人一起读书，一起参加工作，感情非常融洽。后来二人相继成家，廖怀民生有一子廖仲，廖怀国生有一子廖鹏。不幸的是，廖怀民早年丧妻，一个人抚养儿子。廖仲6岁时，一次廖怀民和廖怀国一起出差去外地，不料遇到山体滑坡，廖怀民为救弟弟廖怀国而被巨石砸死。廖怀国感念哥哥恩情，可怜侄子廖仲的境遇，悉心将廖仲抚养成人。或许是由于愧疚，或许是由于同情，廖怀国对待侄子甚至比儿子还要好。一晃20多年过去了，廖鹏大学毕业后很快结婚，但廖仲快30岁了还一直单身。廖怀国身体不好，又查出患有严重的心脏病，担心不知哪一天就会撒手人寰，于是偷偷将自己积攒的30万元存款交给廖仲，嘱咐其将来作为结婚之用。半年后，廖鹏偶然得知此事，十分不满，多次找廖仲要这笔钱，均被廖仲拒绝，二人因此多次发生争吵。廖怀国思虑再三后，认为自己还需要廖鹏养老送终，便去找廖仲，希望能要回一半存款留给儿子。恰巧当天廖仲与朋友聚餐喝酒，得知廖怀国上门的目的后，非常生气，认为父亲为救廖怀国而死，廖怀国本来就欠自己的。又联想到20多年的委屈和与廖鹏争执的场景，就和廖怀国吵了起来，并进而动手。廖仲一把将廖怀国推倒在地，廖怀国因腰部受损，造成下肢瘫痪。廖鹏以廖仲打伤廖怀国为由要求廖仲返还30万元。廖仲则认为，30万元的赠与已经完成交付，拒绝返还。

【说法明理】

《民法典》第六百六十四条规定："因受赠人的违法行为致使赠

与人死亡或者丧失民事行为能力的，赠与人的继承人或者法定代理人可以撤销赠与。赠与人的继承人或者法定代理人的撤销权，自知道或者应当知道撤销事由之日起六个月内行使。"与第六百五十八条第一款的任意撤销权和第六百六十三条的撤销权均由赠与人享有不同，本条规定的撤销权是由赠与人的继承人或者法定代理人享有的。前者对应的是赠与人死亡，后者对应的是赠与人丧失民事行为能力。需要注意的是，赠与人丧失民事行为能力的情形，还可能符合《民法典》第六百六十三条第一款第一项的条件，从而出现赠与人和赠与人的法定代理人都享有撤销权的情况。

  本案中，廖怀国给廖仲30万元的行为属于赠与行为，既然已经给付，无特别理由不得要求返还。所以，廖怀国找廖仲要求返还一半是没有道理的。不过，廖仲殴打廖怀国致其瘫痪，属于违法行为，廖怀国有权撤销赠与行为。

53. 什么是赠与人的穷困抗辩权？

【身边案例】

陈森是个孤儿，父母在其3岁时因车祸双双去世，留下陈森和奶奶相依为命。陈森从小就很聪明，学习成绩在班里一直数一数二，高考时不负众望，以优异的成绩考上了北京航空航天大学。不料奶奶突发脑栓塞瘫痪在床，不但上学无望，奶奶的医药费和起居都成了问题。陈森的励志故事经当地新闻报道后，社会各界广为关注。所在居委会找到陈森，愿意组织志愿者帮助照料奶奶，并联系医保和民政部门解决奶奶的医药费问题。当地兴达公司的董事长刘岩也主动联系陈森，表示愿意每月无偿资助陈森3000元，直到其大学毕业。之后两年，刘岩每月都准时把3000元打到陈森的银行卡中，未曾中断。到了第三年，因兴达公司生产的一批产品不合格，给买家造成重大损害，不但面临巨额赔偿，其他客户在得知情况后也纷纷终止和兴达公司的合作。资金链断裂后，兴达公司无以为继，重整失败，最终宣布破产。刘岩为拯救兴达公司曾向外高利借贷，公司破产后，不得不以自己的个人积蓄还债，生活一下子堕入谷底。屋漏偏逢连夜雨，刘岩的儿子被查出罹患罕见病，每月支出医药费近万元，且需常年持续用药。陈森得知情况后，主动与刘岩联系表达慰问，并告知不必再资助自己。

【说法明理】

法律是有人情味的，如本案中的赠与虽为社会义举，但如果赠与会影响到赠与人最为基本的生产和生活，也不能为了受赠人的利益而无视赠与人。《民法典》第六百六十六条规定："赠与人的经济状况显著恶化，严重影响其生产经营或者家庭生活的，可以不再履行赠与

义务。"这就是赠与人的穷困抗辩权。穷困抗辩权有三个特点：一是适用于不能行使任意撤销权的赠与合同，如果能够行使任意撤销权，没有必要再行使穷困抗辩权，因此穷困抗辩权适用于公证的赠与合同和具有公益、道德义务性质的赠与合同；二是需达到"显著恶化""严重影响"的程度；三是只针对未履行的部分，已经履行的部分不能根据穷困抗辩权请求返还。

本案中，赠与人刘岩在与陈森订立赠与合同后，出现了经济状况的显著恶化，刘岩如果继续履行赠与合同会导致其收入所得不能支付日常开销及儿子每个月的医药费用，严重影响其家庭生活，所以刘岩可以行使赠与人的穷困抗辩权，不再履行赠与义务。

54. 禁止"砍头息"

【身边案例】

周凯在大学期间攻读的是计算机专业，学习过程中听到很多关于师兄师姐成功创业的励志故事，耳濡目染地就萌生了毕业后也自己创业的想法。为了这个目标，周凯一方面努力学习，各科成绩名列前茅；另一方面，在校期间也经常参加各类讲座、论坛和活动，开阔视野的同时，也积累了一些人脉。毕业后，周凯开始计划成立计算机公司，但启动资金是个大问题，于是找到在校期间认识的一位已经功成名就的师兄郑晨，希望能给自己投资。郑晨拒绝了投资的要求，但同意借钱给周凯，并说："我可以借你200万元，年利息10%，期限1年。但要采用前打息的方式，即借钱时先支付利息20万元，到期后直接偿还本金200万元即可，你能接受吗？"周凯虽然觉得提前扣除利息不合理，但因国家刚刚出台扶植毕业大学生创业的优惠政策，为了搭上这班顺风车，还是勉强答应了这一条件。于是双方签订了借款合同，郑晨将180万元转账到周凯卡中。一年后，周凯还款时了解到，民间借贷中的"砍头息"是不合法的，于是主张将20万元利息扣除，以180万元本金计算利息。郑晨则称："订立合同时既然双方同意了，就应当遵守，不能反悔，不然订立合同还有什么意义？如果那样，我还不如把利率定高点呢。"双方产生纠纷，互不妥协。

【说法明理】

借款合同中，出借人为确保利息能够收回或者为非法收取高额利息，在提供借款时，将利息从出借的资金中预先扣除，即民间俗称的"砍头息"。"砍头息"行为，扰乱国家经济秩序，损害借款人利益，是不合理的，也是不受法律保护的。《民法典》第六百七十条规定："借款的利息不得预先在本金中扣除。利息预先在本金中扣除的，应当按照实际借款数额返还借款并计算利息。"虽然民法强调意思自治，充分尊重当事人的意愿，但是也要求合同内容不得违反法律、行政法规的强制性规定，不得违反公共秩序和善良风俗，否则无效。

本案中，郑晨借给周凯200万元，但提前扣下利息20万元，其行为违反了上述规定。即使周凯在订立合同时同意在本金中提前扣除利息，但这一约定仍违反了法律的强制性规定，致使该约定无效。当然，根据《民法典》第一百五十六条的规定："民事法律行为部分无效，不影响其他部分效力的，其他部分仍然有效。"也就是说，借款合同本身仍然是有效的，只不过应当按照第六百七十条的规定，以"实际借款数额返还借款并计算利息"。具体来说就是，本金180万元，以及以180万元本金为基数，按照年息10%计算的利息18万元，本息一共198万元。

55. 借款人必须按照约定用途使用借款吗？

【身边案例】

杨小军在年轻时成立了创想空间公司，该公司主要从事室内设计。在一次项目投标中，杨小军认识了远大股份公司的董事长张帆。远大股份公司主要从事房地产开发经营活动。因为业务联系密切，有共同话题，加之杨小军和张帆在很多问题上的看法惊人的一致，二人一见如故。最近杨小军正想扩展业务领域，进军房地产业，但苦于资金不足，于是找到张帆商量。二人以个人名义签订了借款合同，约定："由张帆借给杨小军1000万元，期限2年，年利率10%，所借资金用于开发房地产项目。借款人杨小军需每半年向张帆报告借款的使用情况和公司的经营情况。"张帆在合同签订后通过银行转账1000万元到杨小军的账户。杨小军收到借款后不久，恰巧创想空间公司资金链断裂，

面临破产危险。杨小军为了保住自己一手创建的公司，对创想空间公司增资1000万元，并将从张帆处所借款项转入创想空间公司的账户。半年后，杨小军向张帆报告借款使用情况时，张帆才得知该笔借款没有用于约定用途。张帆意识到危险，希望杨小军提前还款。杨小军则认为，既然钱已经借了，怎么使用就应当自己说了算。

【说法明理】

当事人在签订数额较大的借款合同时通常会约定借款用途。借款用途之所以是借款合同的主要内容，是因为借款用途与借款人是否能按期还款有着直接的关系。借款人擅自改变借款用途，就会导致原先当事人共同预期的收益变得不确定，增加了贷款人的借款风险，最终导致借款难以收回。对此，《民法典》第六百七十三条规定："借款人未按照约定的借款用途使用借款的，贷款人可以停止发放借款、提前收回借款或者解除合同。"

本案中，张帆是基于对房地产行业的了解，看好行业的发展前景，预期杨小军创立房地产公司后能够如约还款，才借钱给杨小军的。为了降低贷款收回的风险，还在借款合同中明确约定了借款用途。杨小军为了创想空间公司能正常运作违反约定，改变借款用途，很可能导致其无力偿还借款，增加了张帆债权实现的风险，所以张帆有权根据法律规定向杨小军主张提前收回借款或解除合同。

56. 应当按照约定的期限还款

【身边案例】

祥启公司为开拓业务向禾浩投资公司借款。2021年2月1日，双方签订了借款协议，约定：禾浩投资公司出借给祥启公司300万元，借款期限1年，年利率15%，借款利息计算至协议约定的借款期限到期之日；祥启公司提前还款不影响利息计算，祥启公司逾期还本付息要向禾浩投资公司支付违约金；借款支付方式为银行转账，还款方式为期限届满时一次性还清本息；借款期限届满前，禾浩投资公司有权随时要求祥启公司提前清偿全部借款本息（利息按实际期限计算），但须给祥启公司3个月的准备期。同日，禾浩投资公司向祥启公司转账300万元。4月2日，禾浩投资公司书面通知祥启公司还款，并给予3个月的宽限期，要求祥启公司于7月2日之前返还本金及5个月的利息。祥启公司因已将所借款项全部投入公司新开拓的项目中，预期3个月后不能还款。祥启公司认为禾浩投资公司仅在出借款项2个月后就要求提前还款，违反了诚信原则。禾浩投资公司则认为自己完全按照合同约定行事，没有任何问题。

【说法明理】

俗话说："欠债还钱，天经地义。"在日常生活中，有借有还成了基本的道德准则。但是在法律层面，不仅规定了借款人负有清偿全部借款本息的义务，还要求借款人按照约定的期限还款，未按照约定期限还款的，要承担违约责任。《民法典》第六百七十五条规定："借款人应当按照约定的期限返还借款。对借款期限没有约定或者约定不明确，依据本法第五百一十条的规定仍不能确定的，借款人可以随时返还；贷款人可以催告借款人在合理期限内返还。"

　　本案中，禾浩投资公司与祥启公司之间订立的借款协议是双方真实的意思表示，内容不违反法律、行政法规的强制性规定，不违反公序良俗，故该合同有效，对祥启公司和禾浩投资公司均有约束力。禾浩投资公司可以随时要求祥启公司提前还款的约定虽对祥启公司不利，但仍属于双方意思自治的范畴，是双方当事人基于各自业务和风险的考虑作出的理性决定和安排，且给予祥启公司3个月的宽限期，已经对其提供了必要的保护，该约定不违反法律、行政法规的强制性规定，也不违反公序良俗，是有效条款。禾浩投资公司已经按照约定向祥启公司交付了借款本金，履行了借款合同的义务。在借款期限届满之前，禾浩投资公司要求祥启公司提前清偿全部借款本息的行为符合双方约定。祥启公司应当履行义务，在3个月内偿还本息，否则将构成违约，应当承担违约责任。

57. "高利贷"违法

【身边案例】

2021年1月,李静承包了一个建筑工程项目,急需大笔资金周转。由于银行审批手续烦琐且周期长,李静准备向多年好友林佳借款600万元。林佳以借款数额大、还款风险高为由要求提高年利率到20%,期限6个月。李静虽觉得利息有点高,但鉴于已经没有别的筹资途径,于是就同意了。借到钱后,李静陆续将600万元全部投入工程建设当中。不料,在施工过程中,周围居民多次以污染环境为由阻挠施工并到政府上访,导致项目被迫停工3个月。因为工期延误,加上各种设备租金和人工成本一直上涨,李静最终未能获得预期收益。于是和林佳商议:"能不能把利率降低一点,我先把本金还上,这个项目出现了很多超预期的事,正常收回投资都很困难。咱们的关系还长着呢,以后有项目我再给你找补回来。"林佳不同意。争执中,李静也急了:"你这是高利贷,你自己好好掂量掂量吧。"

【说法明理】

日常生活中,因为银行贷款手续烦琐、对信用要求高、审核周期长,导致很多资金需求方不得不求助于民间资本。也正是因为资本领域的需求过剩和供给不足,导致一些民间借贷的约定利率出奇地高。利息过高,不但造成借款人负担过重,更可能危及国家金融秩序和影响社会稳定。因此,高利贷行为为法律所禁止。《民法典》第六百八十条第一款规定:"禁止高利放贷,借款的利率不得违反国家有关规定。"违反该规定的利率约定,构成违反法律的强制性规定,是无效的。

在具体标准上,《最高人民法院关于审理民间借贷案件适用法律若干问题的规定》第二十五条规定："出借人请求借款人按照合同约定利率支付利息的，人民法院应予支持，但是双方约定的利率超过合同成立时一年期贷款市场报价利率四倍的除外。前款所称'一年期贷款市场报价利率'是指中国人民银行授权全国银行间同业拆借中心自2019年8月20日起每月发布的一年期贷款市场报价利率。"要注意的是，应当根据合同订立时的"一年期贷款市场报价利率"（一年期LPR）确定利率限制，借款期限内"一年期贷款市场报价利率"的调整不予考虑。

根据《2021年1月20日全国银行间同业拆借中心受权公布贷款市场报价利率（LPR）公告》，2021年1月一年期LPR为3.85%，4倍即15.4%。因此，李静和林佳约定的年利率20%属于高利放贷，是法律所禁止的，林佳最多只能向李静主张15.4%的利息。

58. 一般保证人的先诉抗辩权

【身边案例】

李明察觉到国内电影业发展势头强劲，于是萌生了投资电影院的想法。为筹集资金，李明先是卖掉了自己的房子，又清空了股票，但仍有资金缺口。于是找到好朋友崔宁，希望能借款200万元。崔宁了解到李明为了投资已经卖掉了房子，觉得借款风险比较大，就要求李明提供保证人。李明找到前同事孙伟，孙伟碍于情面便答应了。于是三人签订了借款合同，约定李明向崔宁借款200万元，年利率10%，期限2年，孙伟在李明不能清偿债务时承担保证责任。三方签字后，崔宁依约将200万元转到李明的银行账户。李明开始项目运作，但是刚刚开业就赶上新冠肺炎疫情，电影院不得不长时间处于关闭状态，李明入不敷出，最终投资失败。自知无力偿还的李明变卖了所有家当"跑路"了，在一次野外徒步中失踪，下落不明。借款期限到了，崔宁找不到李明，就找到孙伟，要求其承担保证责任。但是，孙伟辩解："你应该先找到李明，先用他的财产来还债，哪有不先找债务人直接找保证人的？"

【说法明理】

在借款合同之外签订保证合同，无疑为债权人实现债权增添了一份保障。保证的方式包括一般保证和连带责任保证，在一般保证中，保证人有先诉抗辩权，即在债权人未就债务人的财产申请强制执行仍不能偿还前，可以拒绝债权人要求其承担保证责任的请求。通俗来说，在一般保证中，需要先找债务人，债务人不能清偿的话，才可以找保证人，合同中一般使用"债务人不能履行时，保证人承担保证责任"

的表述；而在连带责任保证中，只要债务到期，既可以找债务人也可以找保证人，合同中一般使用"债务人不履行时，保证人承担保证责任"的表述。从"不能"到"不"，一字之差，差之千里。

先诉抗辩权的消灭并不是一定要采取诉讼或仲裁的方式，如果确定存在债务人不可能偿还债务的客观情况或者保证人放弃先诉抗辩权，债权人也可以直接要求保证人承担保证责任。《民法典》第六百八十七条第二款规定："一般保证的保证人在主合同纠纷未经审判或者仲裁，并就债务人财产依法强制执行仍不能履行债务前，有权拒绝向债权人承担保证责任，但是有下列情形之一的除外：（一）债务人下落不明，且无财产可供执行；（二）人民法院已经受理债务人破产案件；（三）债权人有证据证明债务人的财产不足以履行全部债务或者丧失履行债务能力；（四）保证人书面表示放弃本款规定的权利。"

本案中，根据崔宁和孙伟的约定，双方为一般保证。债务到期后，孙伟本享有先诉抗辩权，但李明下落不明，且出国前已经变卖了所有家当，没有财产可供执行，此时孙伟的先诉抗辩权消灭，崔宁有权直接要求孙伟承担保证责任。

59. 保证期间和诉讼时效

【身边案例】

2019年11月1日,彭忠为投资雨来环保科技公司向水漫庭公司借款,双方约定本金300万元,年利率10%,期限1年,由第三人刘青提供连带保证责任。由于适用于环保工程的新技术研发成本高、周期长、竞争激烈,雨来环保科技公司疯狂投入半年后未见成效,但资金链已经断裂,无法维系,最终只能解散。彭忠投资失败,为偿还借款变卖了所有资产,仍不能偿还水漫庭公司的全部本息。2021年11月2日,水漫庭公司找到保证人刘青要求其就彭忠没有偿还的部分承担保证责任。刘青说:"我的保证责任已经过期了,现在你不能再找我了。"水漫庭公司说:"我国法律规定的诉讼时效是3年,现在刚刚过了1年,我当然有权利找你要求承担保证责任。"那么,谁的说法有理呢?

【说法明理】

与一般债务人仅受诉讼时效保护不同,保证人受到诉讼时效和保证期间的双重保护,其中保证期间为第一重保护,诉讼时效为第二重保护。为了避免保证人无止境地处于责任承担的不利状态或长期处于随时可能承担责任的不确定状态,促使债权人积极主张权利,法律规定了保证期间,债权人需要在保证期间内根据法律规定积极行使权利,否则保证人不再承担保证责任。同时,为了避免保证期间与主债务的履行期限同时届满没有给债权人留下主张保证责任的时间,不利于债权人实现债权的情况,《民法典》第六百九十二条规定:"保证期间是确定保证人承担保证责任的期间,不发生中止、中断和延长。债权人与保证人可以约定保证期间，但是约定的保证期间早于主债务履行期限或者与主债务履行期限同时届满的，视为没有约定；没有约定或者约定不明确的，保证期间为主债务履行期限届满之日起六个月。债权人与债务人对主债务履行期限没有约定或者约定不明确的，保证期间自债权人请求债务人履行债务的宽限期届满之日起计算。"本案中，刘青与水漫庭公司未约定保证期间，则保证期间为主债务履行期限届满之日起6个月，即2021年5月1日。

《民法典》第六百九十三条规定："一般保证的债权人未在保证期间对债务人提起诉讼或者申请仲裁的，保证人不再承担保证责任。连带责任保证的债权人未在保证期间请求保证人承担保证责任的，保证人不再承担保证责任。"本案中，刘青与水漫庭公司约定的为连带责任保证，则水漫庭公司应当在保证期间请求刘青承担保证责任，并根据《民法典》第六百九十四条第二款计算诉讼时效。水漫庭公司在保证期间内未向刘青请求，刘青不必再承担保证责任，此时尚不涉及诉讼时效问题。

60. 未经保证人书面同意，保证责任不得加重

【身边案例】

王阳是某知名大学经济学博士，因不愿受体制束缚，毕业后以自由职业者身份为企业提供经济咨询服务。利源公司为准确把握经济变化带来的商机，与王阳签订了委托服务合同，约定由王阳向利源公司提供业务咨询服务，咨询费每年20万元，合同期限2年。同时，利源公司法定代表人高宇以连带责任保证人身份在合同上签了字。合同签订第二年，赶上新冠肺炎疫情，利源公司业务不景气，高宇从利源公司辞职。鉴于利源公司一直未支付咨询费，加上情势变化，咨询服务需要付出更多精力，通过协商，王阳与利源公司签订补充协议，约定将咨询费提高到每年30万元。王阳履行合同约定的咨询义务后，利源公司却没有支付咨询费。后王阳找到高宇要求其承担保证责任，偿还50万元咨询费。高宇称："我在一年前已从利源公司离职，公司从那时起就与我无关了。并且补充协议的内容我也不知道，你们擅自变更合同，没有经过我的同意，我就不用再承担任何责任了。"

【说法明理】

为了平衡债权人、债务人以及保证人的权利义务关系，避免债权人、债务人擅自变更主合同内容如债务范围、债务类型等，加重保证人责任，损害保证人利益，《民法典》第六百九十五条规定："债权人和债务人未经保证人书面同意，协商变更主债权债务合同内容，减轻债务的，保证人仍对变更后的债务承担保证责任；加重债务的，保证人对加重的部分不承担保证责任。债权人和债务人变更主债权债务合同的履行期限，未经保证人书面同意的，保证期间不受影响。"

本案中，王阳与利源公司签订的委托服务合同和补充协议，系双方真实意思表示，内容不违反法律、行政法规的强制性规定，不违反公序良俗，是有效的。但补充协议中约定由原来的每年支付20万元变为每年支付30万元，属于对主合同的变更，加重了债务，在没有经过保证人高宇书面同意的情况下，高宇对加重的部分不再承担保证责任。

综上，利源公司应该按照补充协议的规定向债权人王阳支付50万元的咨询费，保证人高宇仅需在原来约定的2年共40万元范围内承担保证责任，对于加重的部分不承担保证责任。

61. 一般保证人的特殊免责事由

【身边案例】

开拓公司与亚祥建筑公司经过充分协商，签订了建设工程合同，开拓公司为发包人，亚祥建筑公司为承包人。合同约定，亚祥建筑公司为开拓公司建造六层办公楼，工期3个月，验收合格后开拓公司支付工程款600万元，开拓公司法定代表人李杰同意对工程款的支付承担一般保证责任，并在合同上签了字。3个月后，亚祥建筑公司如期建造完毕，验收合格后双方办理了交接手续。但是，开拓公司因合同违约面临巨额赔偿，多方筹集才勉强支付了400万元，还欠亚祥建筑公司200万元。亚祥建筑公司不得已提起诉讼，但在执行阶段发现开拓公司已无财产可供执行。此时，李杰已经从开拓公司离职，亚祥建筑公司找到李杰，请求其承担保证责任。李杰在担任开拓公司法定代表人期间曾有了解，开拓公司对吴华还有300万元的债权已经到期，

还有1个月就过诉讼时效了，但现在开拓公司一直没有行使债权，亚祥建筑公司可以代位主张。亚祥建筑公司之后并未对吴华提起诉讼，而是一直纠缠着李杰要求承担保证责任。2个月后，当亚祥建筑公司再次找到李杰时，李杰称："该尽的义务我已经尽了，是你们自己不积极主动，过了诉讼时效，怪不得我。"

【说法明理】

一般保证具有补充性，保证人享有先诉抗辩权，应先就债务人的财产偿还债务，仍有不足的，才由保证人承担。因此，当债务人存在债权人不了解的可供执行财产，而保证人明确告知时，先诉抗辩权仍可发挥作用，债权人应当积极主动行使权利，先就债务人的财产受偿。如果债权人放弃或怠于行使权利导致债务人财产减少，以致未受清偿，则应对其过错行为承担不利后果。对此，《民法典》第六百九十八条规定："一般保证的保证人在主债务履行期限届满后，向债权人提供债务人可供执行财产的真实情况，债权人放弃或者怠于行使权利致使该财产不能被执行的，保证人在其提供可供执行财产的价值范围内不再承担保证责任。"

本案中，亚祥建筑公司在债务人开拓公司不能清偿全部债务，转而要求保证人李杰承担保证责任时，李杰已经明确告知亚祥建筑公司开拓公司仍有债权存在，李杰的行为属于行使先诉抗辩权。在开拓公司对吴华的债权即将诉讼时效期限届满的情形下，亚祥建筑公司怠于行使权利，未及时保全债权，导致本可通过实现开拓公司债权来实现亚祥建筑公司债权的可能性归于消灭。因此，李杰可以在开拓公司对吴华的300万元债权范围内不再承担保证责任。因亚祥建筑公司对开拓公司的债权仅为200万元，因此，李杰的保证责任归于消灭。

62. 租赁期限不得超过 20 年

【身边案例】

1993 年,王建华大学毕业,考上了公务员,一年后认识了妻子吴燕,一见倾心,二人很快步入了婚姻的殿堂。王建华和吴燕的思想都比较超前,认为人生不应被房子和房贷捆绑,租房子的人生也别有情趣。恰好二人的朋友李娟移民美国,有一套房子长期无人居住,于是王建华、吴燕找到李娟并与其于 1995 年 1 月签订了房屋租赁合同,约定租期 30 年,租金每年 1 万元,按月支付;当 CPI 同比超过 5% 时,按相应比例调整租金标准。一晃 20 多年过去了,两家一直相安无事,王建华、吴燕还是准时把租金打到李娟在国内的银行卡中。2016 年 3 月,李娟回国找到王建华和吴燕,说自己年纪大了,身体也不好,可能以后很少有机会回来了,准备把房子卖掉,要求与王建华和吴燕解除房屋租赁合同。王建华和吴燕认为双方是签订了书面合同的,合同既然没有到期,就应当严格按照租赁合同继续履行。

【说法明理】

通常情况下,当事人会根据租赁物的性质和双方的合同目的来确定租赁期限的长短。法律没有规定最短租赁期限,只要能实现承租人使用租赁物的目的并不违反出租人的意愿,法律概不干涉。在动产租赁中,租赁期限通常比较短,一般都是临时使用;在不动产租赁中,租赁期限通常较长,比如房屋租赁和土地租赁。一般来讲,用于居住的承租人希望租赁期限长一些,这样可以使租赁关系更加稳定。但租赁毕竟不同于买卖,如果对租赁期限不加限制,为规避政策管制的"名为租赁、实为买卖"的交易就会大量出现。因此,《民法典》第七百零五条规定："租赁期限不得超过二十年。超过二十年的，超过部分无效。租赁期限届满，当事人可以续订租赁合同；但是，约定的租赁期限自续订之日起不得超过二十年。"第七百三十四条第一款规定："租赁期限届满，承租人继续使用租赁物，出租人没有提出异议的，原租赁合同继续有效，但是租赁期限为不定期。"

本案中，王建华、吴燕与李娟的租赁合同约定租赁期限为30年，超过20年部分无效，租赁期限应缩短为20年，即自1995年1月到2014年12月。租赁期限届满后，双方没有续订合同，从2015年1月开始，王建华和吴燕继续使用租赁房屋，李娟没有提出异议，则原租赁合同继续有效，仅租赁期限变为不定期。因此，王建华和吴燕仍需要按原标准交纳租金。根据《民法典》第五百六十三条第二款："以持续履行的债务为内容的不定期合同，当事人可以随时解除合同，但是应当在合理期限之前通知对方。"因此，无论是王建华和吴燕，还是李娟，都可以随时解除合同，但应当给予对方必要的准备时间，如李娟解除合同时应给予王建华和吴燕合理的时间寻找替代房屋。

63. 租赁期限 6 个月以上的应签订书面合同

【身边案例】

李茹大学毕业后到上海工作，正在寻找租赁房屋，在公司同事的介绍下认识了魏龙。恰巧魏龙家的房子拆迁，魏龙分得两套回迁房。李茹提出要租赁魏龙的房子，魏龙觉得与其让房子空着不如赚点租金，于是同意。双方订立口头协议，李茹租赁魏龙的一套房子用于居住，期限为 3 年，月租金 8000 元，每月的最后一天支付。2 年后，魏龙妻子罹患癌症，为支付医疗费用准备卖掉李茹租赁的房子。于是通知李茹，要求李茹在 3 个月内搬离房子。李茹不同意："当时说好的租期 3 年，现在刚满 2 年，还没到期，我不会搬的。"魏龙说："口说无凭，咱们也没有签正式的合同，我随时都可以解除合同。"

【说法明理】

基于合同自由，当事人原则上可以自由采取口头形式或书面形式订立合同，法律不加干预。不过，书面形式有利于明确当事人间的权利义务关系，避免发生纠纷时双方各说各话，有助于纠纷的解决，因此法律在例外情况下规定某些合同应当采用书面形式。《民法典》第七百零七条规定："租赁期限六个月以上的，应当采用书面形式。当事人未采用书面形式，无法确定租赁期限的，视为不定期租赁。"需要注意的是，已经废止的《合同法》在第二百一十五条规定："租赁期限六个月以上的，应当采用书面形式。当事人未采用书面形式的，视为不定期租赁。"对比可以发现，在《合同法》中，只要是没有采用书面形式，就属于不定期租赁，而在《民法典》中，在没有采用书面形式的情况下，如果有证据能够确定具体的租赁期限，是可以认定为定期租赁的。

在本案中，李茹与魏龙存在口头约定，但没有形成书面。如果李茹能够举证证明双方确为约定租期3年，则属于定期租赁，魏龙的解除合同行为构成违约，不发生合同解除效果，仍应当按照约定履行合同义务。

但是，如果李茹不能举证证明双方有确定的租赁期限，则属于不定期租赁。根据《民法典》第七百三十条规定："当事人可以随时解除合同，但是应在合理期限之前通知对方。"因此，魏龙的解除合同行为有效，李茹与魏龙的房屋租赁合同已经解除。

64. 出租人有义务维修租赁物

【身边案例】

白沙村和龙台村相邻。白沙村出于生活用水及灌溉农田的需要，由村集体出资修建了两口自动抽水井，第一口井在村内，第二口井在临近龙台村的边界处。第二口井由于距离白沙村较远，主要用于灌溉农田，平时使用不多。龙台村也想打几口水井用于灌溉，但打了几次都没出水。于是，不得已求助于白沙村，想要租井灌溉，白沙村同意了。双方协商后签订了书面租赁合同，约定龙台村租用白沙村位于两村边界的水井，租期5年，每年租金5万元，每年年末支付。在龙台村使用水井的第五年，由于水井自动抽水设备的零部件老化，导致无法取水。龙台村找到白沙村要求维修水井设备，恢复正常使用状态。但是白沙村认为水井是在龙台村使用期间出现的问题，应该由龙台村负责维修。双方对由谁承担维修义务产生分歧。1个月后，问题仍未解决。灌溉季节马上到来，龙台村没有办法，找人维修了自动抽水设备，支付了2000元。在年末支付租金时，龙台村要求扣除修缮水井设备的费用，并且不支付白沙村怠于维修设备期间的租金。白沙村强烈反对，坚持出租人没有维修义务，要求龙台村按照约定支付全部租金。

【说法明理】

对于租赁合同的维修义务，可以由出租人和承租人自由约定，在没有约定时，应当由出租人承担。首先，作为取得租金的代价，出租人有义务使租赁物在租赁期限内保持符合约定的用途，其中就包括维修义务；其次，这里的维修义务仅针对自然损坏，对承租人原因导致的损坏，应由承租人维修；最后，因出租人承担维修义务，所以，原则上承租人不自行维修,需先通知出租人,只有在出租人在合理期限仍不维修时,承租人才能自行维修。对此,《民法典》第七百一十三条规定:"承租人在租赁物需要维修时可以请求出租人在合理期限内维修。出租人未履行维修义务的,承租人可以自行维修,维修费用由出租人负担。因维修租赁物影响承租人使用的,应当相应减少租金或者延长租期。因承租人的过错致使租赁物需要维修的,出租人不承担前款规定的维修义务。"

本案中,龙台村与白沙村并未约定由谁承担维修义务,而水井设备的损坏是自然使用造成的,所以应由出租人白沙村承担维修义务。在龙台村通知白沙村后,白沙村在1个月内未进行维修,龙台村因此自行维修符合法律规定。一方面,龙台村有权请求白沙村支付2000元的维修费用,或者在2000元范围内与白沙村的租金债权抵销。另一方面,因1个月内未能使用水井,龙台村可以请求减少1个月租金,或者延长1个月租期。

合 同 篇

65. 承租人有义务保管租赁物

【身边案例】

谭红与徐辉签订房屋租赁合同,约定谭红租赁徐辉景园小区3单元5号楼1501室用于居住,租赁期限从2020年9月27日至2021年9月26日,租金3万元。2021年3月20日,谭红在洗漱时发现洗手间的水管不断往外渗水,但着急上班,想着按照那个水流量一天流不了多少水,洗手间也有下水道,不会淹水,就没太在意,也没有通知徐辉维修。一周后,1401室住户找到物业,反映谭红所租用的1501室主卧洗手间漏水,已经渗到楼下。物业联系徐辉,徐辉才知道情况。经请专业人员检查,发现是地暖上下管道的接口有问题,渗水情况非常严重,且已经持续很长时间,需要拆掉地板更换水管并排水。徐辉与物业人员、1401室业主协商后,于3月30日开始施工维修。但是

由于长时间漏水，租赁房屋的洗手间地板因长时间被水浸泡需全部重新装修，1401室的天花板也毁损严重。1401室业主要求徐辉承担赔偿责任。徐辉认为谭红作为租赁物的实际使用人怠于履行通知义务，应由谭红承担洗手间的维修费用和楼下住户的财产损失。而谭红则认为，房屋地暖出现问题导致的渗水，应由房东承担因租赁物瑕疵而造成的损失。

【说法明理】

在租赁期间，租赁物由承租人实际占有控制，承租人有义务妥善保管租赁物，在合同结束后返还给出租人，返还时租赁物应当符合合同约定或使用前的状态。妥善保管也有利于承租人在租赁期间对租赁物的充分使用。《民法典》第七百一十四条明确规定："承租人应当妥善保管租赁物，因保管不善造成租赁物毁损、灭失的，应当承担赔偿责任。"承租人的妥善保管义务主要内容包括：（1）按照约定的方式或者租赁物的性质所要求的方法保管租赁物；（2）按照租赁物的使用状况进行正常的维护（不同于出租人的维修义务）；（3）通知和协助。当租赁物出现质量问题影响承租人正常使用时应及时通知、协助承租人进行修缮，并采取措施防止损坏的蔓延和损失的扩大。

本案中，渗水是由于地暖的管道接口有问题，徐辉对此有维修的义务，但是房屋在租赁期间由谭红直接占有和使用，谭红相较于徐辉更了解租赁物在租赁期间的"状态"，能够第一时间知悉租赁物在使用过程中出现的问题。基于诚信原则，谭红应及时告知徐辉以防止损失的进一步扩大。谭红由于疏忽没有及时告知徐辉，存在过错，对于由此扩大的损失部分，谭红应承担相应的赔偿责任。

66. 未经出租人同意，不得对租赁物进行改善或增设他物

【身边案例】

杨朝阳为了工作方便想在公司附近租套房，某日下班时恰巧在电线杠上看到蒋平房子的出租广告。实地看房后，杨朝阳很快和蒋平达成一致，双方签订了书面合同，约定每月租金3000元，租期5年。蒋平的房子建造时间比较早，窗户为老式平窗。杨朝阳认为平窗不美观，飘窗既能使房间的采光更充足，还能增加储物空间，就计划将平窗改造为飘窗。在动工之前，杨朝阳通过微信告知蒋平要对房屋进行窗户改造，但是没有通知物业。蒋平的手机在出差期间丢失，恰巧遗漏了杨朝阳的消息。在杨朝阳告知蒋平的3天后，杨朝阳在没有得到蒋平允许的情况下，擅自动工，将原来的平窗改为飘窗，并将飘窗扩出建筑物的外立面。完工1周后，物业公司人员看到改造结果，以改造不符合相关法规与建筑物安全标准、存在安全隐患为由通知蒋平拆除飘窗。蒋平收到物业通知后才得知情况，于是告知杨朝阳将飘窗拆除并恢复原状。杨朝阳辩解道："我已经通过微信告知你，你没有回复，我觉得你这属于默认，如果要拆除的话你就要赔偿我的改造费用，而且你还要负担恢复原状的费用。"蒋平觉得自己并没有看到杨朝阳的微信消息，更谈不上默认允许，认为改造及恢复费用应由杨朝阳自己承担。

【说法明理】

承租人对租赁物进行改善或增设他物，无论出于什么目的，均可能导致租赁物经济价值或使用价值发生变化，进而对出租人的权益产

生影响。为保护出租人的利益,《民法典》第七百一十五条规定:"承租人经出租人同意,可以对租赁物进行改善或者增设他物。承租人未经出租人同意,对租赁物进行改善或者增设他物的,出租人可以请求承租人恢复原状或者赔偿损失。"不作为的默示只有在法律规定、当事人约定或者符合当事人之间的交易习惯时才可以视为意思表示。本案中不涉及上述情形,蒋平只有以明示的方式回复同意才能产生同意的效力。因此,杨朝阳主张蒋平没有回复消息就属于默认没有法律依据。

另外,承租人未经出租人同意,擅自对租赁物进行改善或增设他物时,承租人存在过错,构成违约,应当根据出租人的要求,将租赁物恢复到改善或增设前的状态,由此产生的费用当然由承租人负担。至于恢复原状之后出租人仍有损失的,承租人还应当赔偿由此造成的损失。

67. 转租后的损害赔偿

【身边案例】

前进公司股东会决定投资酒店，为此前进公司与新华公司签订房屋租赁合同，约定前进公司租赁新华公司位于市中心未来城商场一至五楼用于经营酒店，双方约定租赁期限5年，租金每年100万元。在前进公司经营的第三年，暴发新冠肺炎疫情，受疫情影响酒店业绩不佳，由股东会作出决议，不再投资酒店业务。前进公司于是将租赁房屋转租给开元公司，双方在签订租赁合同时约定租赁期限为2年。在此过程中，前进公司并未取得新华公司的同意或通知新华公司。新华公司在对商场进行日常巡查时发现了前进公司的转租行为，但是并没有提出异议。在开元公司经营1年后，由于顾客违规使用电器发生火灾，导致该租赁物部分遭到毁损。新华公司要求前进公司赔偿由于火灾造成的损失。前进公司认为租赁物是在开元公司使用期间发生的毁损，应由开元公司直接承担责任。双方对于由谁承担责任各执一词。

【说法明理】

在租赁合同中，承租人有按照约定使用租赁物的义务，将租赁物转租他人，由第三人占有和使用，可能会产生出租人所不能预见的风险，因此，通常认为出租人和承租人之间具有一定的信赖关系，转租需经出租人同意。至于同意的方式，有明示和默示两种，对于默示，《民法典》第七百一十八条规定："出租人知道或者应当知道承租人转租，但是在六个月内未提出异议的，视为出租人同意转租。"本案中，前进公司虽然未取得新华公司同意，但新华公司在得知真实情况后6个月内没有提出异议，应视为其已同意转租。

至于出租人同意转租后的法律效果，《民法典》第七百一十六条第一款规定："承租人经出租人同意，可以将租赁物转租给第三人。承租人转租的，承租人与出租人之间的租赁合同继续有效；第三人造成租赁物损失的，承租人应当赔偿损失。"此时在一个租赁物上会出现3个当事人、2个合同关系：3个当事人即出租人、承租人、次承租人，2个合同关系即出租人和承租人之间的租赁合同，以及承租人和次承租人之间的转租合同。

出租人和承租人之间的合同关系不因转租而受影响，继续有效，因次承租人造成租赁物损失的，承租人要对出租人承担赔偿责任。这是因为，出租人是基于对承租人的信赖而订立租赁合同，出租人与次承租人之间并没有建立合同关系，由第三人直接向出租人赔偿不利于出租人的保护。

本案中，新华公司和前进公司的租赁合同在租赁物转租后继续有效，对于开元公司造成的租赁物毁损，前进公司应该根据租赁合同向新华公司承担赔偿责任，然后再根据其与开元公司之间的转租合同向开元公司追偿。

68. 次承租人的租金代偿权和追偿权

【身边案例】

隆泰公司接到一笔大额订单，但公司现有机床即使全天候运转，也不能如期完工。为了赶上进度，隆泰公司向信达设备公司租赁了一台先进的机床，约定租期1年，月租金1万元，每月最后一天支付，隆泰公司可以将机床转租给他人使用，但是转租期限不得超过租赁合同剩余期限。隆泰公司取得设备后，加班加点生产，3个月即完成了全部订单。隆泰公司欲提前解除与信达设备公司的租赁合同，信达设备公司不同意。于是，隆泰公司将机床转租给天亚公司，双方约定租期9个月，月租金8000元，每月月底支付。转租合同签订后，隆泰公司未支付当月租金给信达设备公司，信达设备公司催告后隆泰公司仍未履行，于是信达设备公司找到天亚公司。天亚公司为避免信达设备公司解除与隆泰公司间的租赁合同，影响自己对机床的使用，于是每月向信达设备公司支付1万元租金。在隆泰公司要求天亚公司支付租金时，天亚公司主张以代替支付的租金抵充，并要求返还超过其应付的租金1.8万元。

【说法明理】

合同具有相对性，租赁合同存在于出租人和承租人之间，转租合同存在于承租人和次承租人之间。所以，出租人应该向承租人请求支付租金，次承租人应向承租人支付租金。在出租人同意转租的情况下，如果租赁合同因为承租人拒绝履行支付租金的义务而被解除，会导致转租合同无法继续履行，直接对次承租人占有使用租赁物的利益产生影响。为了调和出租人、承租人、次承租人之间的权利义务，尽可能地维护租赁关系的稳定,《民法典》第七百一十九条规定:"承租人拖欠租金的,次承租人可以代承租人支付其欠付的租金和违约金,但是转租合同对出租人不具有法律约束力的除外。次承租人代为支付的租金和违约金,可以充抵次承租人应当向承租人支付的租金;超出其应付的租金数额的,可以向承租人追偿。"该规定赋予次承租人代为清偿的权利以对抗出租人的合同解除权,保护没有过错的次承租人的利益。在租赁合同中,出租人的主要权利是收取租金,支付租金作为债务的履行,由承租人之外的第三人承担,通常不会对债权人造成损失。

本案中,隆泰公司没有按照合同约定向出租人信达设备公司支付租金,且催告后仍没有履行。次承租人天亚公司可以根据上述规定代替隆泰公司支付租金并要求其返还超过应付租金的数额。

69. 拖欠租金后的解除权

【身边案例】

李莎自中央戏剧学院舞蹈专业毕业后，计划开办一家舞蹈工作室。经多方选址，2020年1月，李莎与秦放签订了房屋租赁合同，约定秦放将位于广阳区万象城底商的2间店铺出租给李莎用于开办舞蹈室，租期3年，年租金16万元；第一年的租金于订立合同时一次付清，后两年的租金于每年的1月1日支付。合同签订当日，李莎支付了当年的租金，秦放出具了收据。2021年1月初，李莎忙于带领学生参加省里组织的少年舞蹈大赛，一直在外地出差，未按约定支付租金。2月1日上午，秦放微信通知李莎要在10天内交付租金，否则将解除合同。2月10日上午，忙得告一段落的李莎才注意到秦放的微信，立即通过微信将16万元转给秦放。但秦放已经改变态度，打算将房屋收回再出租给其他人，于是便以李莎违约为由拒收租金。2月11日，秦放通知李莎，以李莎未按照约定期限支付租金为由，主张解除租赁合同并要求李莎搬离。李莎认为，不是自己不想履行，而是秦放不配合，秦放无权解除合同。

【说法明理】

租赁合同是有偿合同和双务合同，租赁物的占有、使用、收益的利益与租金构成对价关系。承租人取得租赁物的占有、使用、收益的利益，但以支付租金作为对价；出租人取得租金，但要以放弃对租赁物的占有、使用和收益为代价。因租赁物的占有是一次性取得，而租金是分期支付，为保护出租人的利益，法律特别规定了出租人在承租人不履行支付租金义务时的合同解除权。《民法典》第五百六十三条第一款第三项规定,"当事人一方迟延履行主要债务,经催告后在合理期限内仍未履行"的,当事人可以解除合同。《民法典》第七百二十二条规定:"承租人无正当理由未支付或者迟延支付租金的,出租人可以请求承租人在合理期限内支付;承租人逾期不支付的,出租人可以解除合同。"两者的规定是一致的,基于鼓励交易原则,为了尽可能维护合同的效力,避免合同终止造成的损失,出租人应先进行催告,给承租人一定的履行宽限期,如果承租人在宽限期内履行了合同,则合同不必终止。

  本案中,在李莎迟延支付租金时,秦放对李莎进行了催告,并指定了10天的宽限期,则基于诚信原则,李莎只要在10天内履行义务,秦放就不享有解除权。当李莎在宽限期内要履行债务时,秦放拒绝受领,其行为构成受领迟延,因此尽管超过了10天的宽限期李莎仍未支付,秦放也不享有解除权。

70. 承租人的优先购买权

【身边案例】

2020年1月14日，王斌和马达签订了一份房屋租赁合同，约定王斌将海陆区古城北路18号1单元108号房屋出租给马达用于居住，租期为2020年1月15日至2021年1月14日，租金为每月3000元。合同签订当日，马达一次性支付了全年租金3.6万元，并交付押金2000元，王斌出具了收据。2020年5月，王斌因需要资金周转，正巧他所在的小区房价大涨，于是把房子以200万元的价格卖给了赵雪，双方办理了过户手续。事后，王斌将此事告知马达，马达非常生气："你卖房子，我租你的房子，于情于理你总要告诉我一声，如果和我说，200万元我也会买。"第二天，赵雪找到马达："这房子已经是我的了，你赶快搬出去吧。"马达真的生气了："我不但不搬出去，听说我还可以行使优先购买权，你们等着吧，我肯定能把房子要回来。"

【说法明理】

在房屋租赁中，一般来说，与出租人相比，承租人处于弱势地位，法律为实现实质公平，赋予承租人两项权利：一是优先购买权，即在同等条件下，承租人优先于第三人购买房屋并取得房屋所有权，从而维持承租人对房屋的占有状态，避免第三人介入导致的法律关系复杂化；二是以债权人身份对抗受让所有权人，即俗称的"买卖不破租赁"。

关于优先购买权，《民法典》第七百二十六条规定："出租人出卖租赁房屋的，应当在出卖之前的合理期限内通知承租人，承租人享有以同等条件优先购买的权利；但是，房屋按份共有人行使优先购买权或者出租人将房屋出卖给近亲属的除外。出租人履行通知义务后，

承租人在十五日内未明确表示购买的，视为承租人放弃优先购买权。"房屋买卖并非小事，涉及房屋价值评估、价款筹集等一系列重大事项，出租人应给予承租人必要的时间考虑是否购买该房屋。当承租人行使优先购买权，会以与第三人同等的条件在出租人和承租人之间成立买卖合同关系，在房屋没有过户的情况下，法院应支持承租人的过户请求，以体现其优先购买权；如果房屋已经过户到第三人名下，则承租人无法再行使优先购买权，只能请求出租人赔偿损失。对此，《民法典》第七百二十八条规定："出租人未通知承租人或者有其他妨害承租人行使优先购买权情形的，承租人可以请求出租人承担赔偿责任。但是，出租人与第三人订立的房屋买卖合同的效力不受影响。"

关于"买卖不破租赁"，《民法典》第七百二十五条规定："租赁物在承租人按照租赁合同占有期限内发生所有权变动的，不影响租赁合同的效力。"因此，即使第三人已经取得标的物的所有权，仍不能以此所有权对抗租赁权，承租人仍可以在租赁期限内对标的物进行使用和收益。

综上，因王斌已将房屋过户到赵雪名下，马达不能再主张优先购买权，但可以以优先购买权受到侵害为由请求王斌承担赔偿责任。

71. 租赁物毁损、灭失了怎么办？

【身边案例】

南太行深山某处景区的发展，带富了周边农村的村民。尹奇从刘明处租了一处农家院，做起了民宿生意。这处院子建在山脚之下，房子前面有小河流过，背靠高山，环境清幽，鸟语花香，游客不断，尹奇的生意非常红火。一年夏天，天公不作美，连续5天强降雨，山间河水大涨，尹奇与当地村民一起被乡政府组织转移到高处。之后不久，河岸决堤，加之强降雨引发泥石流，尹奇租赁的农家院的主屋被冲毁。房东刘明得知后，认为房屋是在尹奇租赁期间被毁，应由尹奇承担赔偿责任。尹奇则认为，洪水冲毁房屋是天灾不是人祸，自己对于房屋毁损并无过错，不应承担赔偿责任。不仅如此，因房屋被毁无法使用，租赁合同已经无法继续履行，自己有权解除合同，且刘明应退还未居住期间的租金。

【说法明理】

在租赁合同中，承租人只是取得租赁物的使用和收益，租赁物所有权通常属于出租人，因此，标的物因不可归责于双方的原因导致的毁损、灭失风险应由出租人承担，而承租人只是在因保管不善造成租赁物毁损、灭失时，才承担赔偿责任。《民法典》第七百二十九条规定："因不可归责于承租人的事由，致使租赁物部分或者全部毁损、灭失的，承租人可以请求减少租金或者不支付租金；因租赁物部分或者全部毁损、灭失，致使不能实现合同目的的，承租人可以解除合同。"也正是体现了这一原则。需要注意的是，《民法典》第七百五十一条规定："承租人占有租赁物期间，租赁物毁损、灭失的，出租人有权请求承租人继续支付租金，但是法律另有规定或者当事人另有约定的除外。"该条规定在《融资租赁合同》一章，故仅能适用于融资租赁合同，不能适用于租赁合同。

本案中，河水决堤和泥石流导致房屋被冲毁，属于不可抗力，显然不可归责于承租人尹奇，尹奇已不能继续使用该农家院，租赁合同的目的不能实现，尹奇可以据此解除合同。未付的租金，因合同解除不用再支付，已付租金与未居住期间相当的部分，刘明应予以返还。

72. 租赁物危及承租人安全或健康时，可随时解除合同

【身边案例】

刘芳原来在北京工作，由于公司业务调整，被委派到太原分公司工作。初来乍到，刘芳急需先租套房子安顿下来，以便开展后续的工作。在中介的引荐之下，刘芳来到孙强的一处单元房，一进门，刘芳就闻到一股刺鼻的味道。孙强解释说："房子前两天刚装修完，这两天晾一晾就好了，不会有太大影响。"刘芳最近也看了几套房，没有太合适的，孙强的房子除了有味道之外，在地理位置、便利程度、房间布局、装饰装修等方面是最好的。为早日开展工作，刘芳与孙强签订了房屋租赁合同，约定租期1年，每月租金1500元，每月月底支付。入住1周后，刘芳开始出现恶心、呕吐、头疼、眼睛酸痛等症状，入院治疗后，医生怀疑是甲醛超标所致。刘芳委托当地有关机构对房屋内空气质量进行检测，结果为房屋甲醛浓度严重超标，不适合居住。刘芳拿着检测结果找到孙强，提出解除房屋租赁合同。孙强辩解说："签合同的时候就和你说了房子是刚装修好的，你既然知道这个情况，也同意租赁，就应当严格执行合同。"刘芳则认为自己也没有预料到房屋甲醛会超标如此严重，目前房子已经危害到了自己的健康，总不能为了履行合同连命都不要了吧？

【说法明理】

民法虽然以意思自治为原则，允许合同当事人自由设定彼此之间的权利义务，但在涉及人的生命、健康等基本权利以及公共利益时，要进行强制干预，不允许当事人自由约定。在法律上的表现就是"不

得违反法律、行政法规的强制性规定，不得违反公序良俗"。《民法典》第七百三十一条规定："租赁物危及承租人的安全或者健康的，即使承租人订立合同时明知该租赁物质量不合格，承租人仍然可以随时解除合同。"本条规定是强制性规定，不允许当事人约定排除。

本案中，孙强交付的房屋甲醛严重超标，在该房屋内居住，已经危及刘芳的身体健康。因此，无论刘芳是否明知甲醛超标，都可以解除合同，以体现对人的基本权利的保护。

73. 承租人死亡，共同居住人可在租赁期间内继续承租

【身边案例】

叶勇就职于上海某知名游戏开发公司，妻子王玲玲则一直在北京工作。厌倦了牛郎织女般的生活，王玲玲准备辞职到上海生活。于是叶勇想在公司附近租一套两居室，作为二人居住之用。经房屋中介介绍，2019年11月1日，叶勇与吴卫国签订房屋租赁合同，约定叶勇租赁吴卫国位于上海宝山区场中路香槟花园3单元101室的房屋用于居住，租期自2019年11月1日至2021年10月30日，租金每月5000元。叶勇于订立合同当日一次性支付一年租金6万元及押金3000元，吴卫国收到租金后开具了收据。同月中旬，王玲玲辞职来到上海。2021年3月28日，叶勇由于长时间熬夜引发心源性猝死。刚操办完丧事，王玲玲就接到了吴卫国的通知，要求她搬离租赁房屋。吴卫国认为，自己是和叶勇签的合同，叶勇既然已经身亡了，合同当然应当终止。王玲玲则认为自己作为叶勇的继承人，能够继承该租赁关系。

【说法明理】

基于合同相对性原则，非合同当事人不能向合同当事人主张合同上的权利。不过，房屋租赁的目的就是在于对房屋进行使用，而使用通常不限于签订合同的承租人，对此出租人是明知或默认的。承租人死亡后，虽然从逻辑上看共同居住人或共同经营人不是租赁合同的相对方，不能直接承担合同的权利义务，但是法律为了保护其居住和使用权益，对其继受租赁合同的权利义务作了特别规定。《民法典》

第七百三十二条规定："承租人在房屋租赁期限内死亡的，与其生前共同居住的人或者共同经营的人可以按照原租赁合同租赁该房屋。"该条规定的共同居住人或共同经营人继受租赁合同与继承有着本质差别。该规定属于权利义务的概括承受，在继受租赁合同之后，共同居住人或共同经营人处于承租人的法律地位，享有承租人的权利，并负担承租人的义务。而继承中则仅能继承财产，对于债务，也只是在所得遗产实际价值范围内负责清偿。

本案中，虽然是叶勇一人与吴卫国签订的房屋租赁合同，但王玲玲作为承租人的共同居住人，在叶勇身亡之后，有权按照原租赁合同继续租赁该房屋。出租人吴卫国以租赁合同的签订人身亡为由请求确认租赁合同终止以及要求王玲玲搬离房屋没有法律依据。

74. 承揽人应亲自完成承揽工作

【身边案例】

2020年12月28日，中原商场与汉达制鞋厂签订皮鞋加工合同，约定中原商场作为定作人提供皮鞋的式样和材料，汉达制鞋厂负责加工，鞋子质量应与商场提供的样品一致；加工皮鞋5000双，加工费每双50元，共计25万元；汉达制鞋厂加工的皮鞋可以分批交付，但必须自签订合同之日起3个月内完成全部交付。2021年4月，中原商场收到全部货物后发现其中的1000双皮鞋做工较粗糙，与其他皮鞋区别较大。经多方打探才知道，汉达制鞋厂在未取得中原商场同意的情况下，擅自将1000双皮鞋的加工转包给飞宇制鞋厂，加工费为每双30元。中原商场据此要求解除与汉达制鞋厂就该1000双皮鞋部分的承揽合同，将该1000双皮鞋返还给汉达制鞋厂，汉达制鞋厂返还相应的加工费，并赔偿损失。

【说法明理】

承揽合同是承揽人按照定作人的要求完成工作，交付工作成果，定作人支付报酬的合同。通常情况下，定作人是基于特定承揽人的生产能力、诚信、技术等各方面因素订立的合同，自然也应由承揽人亲自完成工作。《民法典》第七百七十二条规定："承揽人应当以自己的设备、技术和劳力，完成主要工作，但是当事人另有约定的除外。承揽人将其承揽的主要工作交由第三人完成的，应当就该第三人完成的工作成果向定作人负责；未经定作人同意的，定作人也可以解除合同。"承揽人将自己承揽的工作交给第三人实际完成称为转承揽。上述规定从尊重当事人意思自治出发，如果当事人约定则可以由第三人完成，表明承揽是以承揽人亲自完成为原则，允许转承揽为例外。在转承揽法律关系中，定作人和第三人之间并没有直接的合同关系，当工作成果不符合合同约定或法律规定时，定作人不得直接向第三人主张权利。

本案中，汉达制鞋厂与中原商场订立的是承揽合同。汉达制鞋厂未经中原商场同意将皮鞋加工的部分业务转包给飞宇制鞋厂，违反了承揽人应亲自完成承揽工作的义务，构成违约，中原商场可以要求汉达制鞋厂继续履行承揽合同并赔偿损失，包括使用中原商场原材料的费用和利润损失等。

75. 定作人怠于答复承揽人造成损失的，应赔偿该损失

【身边案例】

丁建是一名地质科研人员，购买婚房后，亲自绘制了装修图。因需要定制厨房橱柜和次卧沙发，来到建材市场，认识了瑞旭家具公司的销售员邓婕。经多次沟通，丁建与瑞旭家具公司签订了承揽合同，约定由瑞旭家具公司严格按丁建提供的图纸加工厨房橱柜和次卧沙发，工期1个月。在签约过程中，丁建多次告知邓婕因为婚期已经定下，为避免耽误结婚，一定要按期完工，且务必按照图纸加工。瑞旭家具公司工作人员在加工过程中发现丁建提供的图纸不合理，按照图纸加工，会导致次卧的门只能开到30度，不能正常通行。邓婕随即微信联系丁建，但此时丁建正在国外开研讨会，在收到消息后回复自己考虑一下再回复邓婕，但是丁建会后就忘记了此事。随后丁建又到野外开展地质勘测调研，因手机没有信号，一直没有回复邓婕。瑞旭家具公司不得不暂时停止加工，等待丁建的回复。10天后，邓婕收到丁建回复的修改方案，瑞旭家具公司按照新方案继续加工。但这样就耽误了加工进度，导致瑞旭家具公司延期1周交付橱柜和沙发，丁建很大度地说不会追究瑞旭家具公司迟延交付的违约责任，但瑞旭家具公司却要求丁建支付延长工期期间工作人员的工资等损失。

【说法明理】

在承揽合同中，承揽人需要按照定作人的要求完成工作，交付工作成果，以满足定作人的需要。然而，定作人只提供图纸或技术要求，并不实际操作，在承揽人发现定作人提供的图纸或技术要求不合理时，

如果仍然按照原方案继续加工，必然会导致工作成果不能满足定作人的需要。对此，《民法典》第七百七十六条规定："承揽人发现定作人提供的图纸或者技术要求不合理的，应当及时通知定作人。因定作人怠于答复等原因造成承揽人损失的，应当赔偿损失。"承揽人的通知义务是基于诚信原则的附随义务，定作人在接到通知后的及时答复义务同样也是基于诚信原则的附随义务，二者的目的都是实现承揽合同的目的，使双方利益最大化。

本案中，承揽人瑞旭家具公司在发现定作人丁建提供的图纸不合理时，立即告知了丁建，履行了及时通知的义务；但是，丁建在收到消息后怠于答复，导致瑞旭家具公司不得不停工等待，由此造成的损失，丁建应予赔偿。

76. 中途变更工作要求，定作人应赔偿承揽人损失

【身边案例】

2021年1月23日，信方公司与聚力建筑公司签订合同，约定由聚力建筑公司为信方公司所有的信方大厦重新铺设地板，地板采用大理石材质，装修材料全部由聚力建筑公司提供，装修时间从2021年1月24日到2021年4月24日，总费用100万元。合同签订后，聚力建筑公司购买了装修所需的建筑材料并开始施工。4月10日，信方公司董事长到施工现场视察，认为地面全部铺大理石过于单调，要求将几间办公室和会议室的地板改为木质地板。信方公司随即将董事长的意见反馈给聚力建筑公司，要求聚力建筑公司根据董事长的指示拆除重新铺设。聚力建筑公司返工重作，导致延迟10天完工，并额外支出10万元。装修工作完成后，聚力建筑公司要求信方公司支付重新装修产生的额外支出和由此增加的工作量的报酬。但是信方公司不同意支付，认为双方约定的装修费包括了重新装修的费用，只同意按照合同约定支付装修费。

【说法明理】

有人认为合同订立之后即固定了当事人间的权利义务关系，不允许单方面变更，否则对对方当事人不公平。但在承揽合同中，承揽工作的性质是承揽人按照定作人的要求进行工作，提供符合定作人特殊需要的工作成果。如果定作人的需求发生了变化，却不允许定作人变更合同，不仅会将定作人置于不利地位，更是对社会资源的一种浪费。因此，一方面要赋予定作人任意解除或变更合同的权利，另一方面可

通过损害赔偿的方式对承揽人进行救济。《民法典》第七百七十七条规定："定作人中途变更承揽工作的要求，造成承揽人损失的，应当赔偿损失。"第七百八十七条规定："定作人在承揽人完成工作前可以随时解除合同，造成承揽人损失的，应当赔偿损失。"

本案中，信方公司与聚力建筑公司签订的是建设工程合同，而建设工程合同本质上也是承揽合同，承揽合同的多数规定均可以适用于建设工程合同。因此，《民法典》第八百零八条规定："本章没有规定的，适用承揽合同的有关规定。"可见，《民法典》第七百七十七条和第七百八十七条均可以适用于本案的情形。信方公司在聚力建筑公司将地板装修好后又变更要求，对于此项要求，聚力建筑公司不能拒绝。但是，聚力建筑公司按照要求重新装修额外支出的购买木质地板的费用和因此增加的工作量，属于信方公司的变更行为给聚力建筑公司造成的损失，应予赔偿。

77. 承揽人交付的工作成果不符合要求怎么办？

【身边案例】

徐俊经过多年奋斗，攒了一笔钱，计划开一家蛋糕店。经过慎重挑选，终于买到了合适的门面房，如期开始装修。在安装地板时，徐俊自行购买了高质量的实木地板，又找到了从事装修行业的老同学吴建军，与其签订了《木地板安装协议》，约定由吴建军为徐俊的蛋糕店安装木地板。吴建军对徐俊拍胸脯保证说："你就放宽心，先忙别的事，地板全都交给我来安装吧！"由于当年上学时二人交情不错，徐俊对其十分信任，并未亲自监督。直到交工时，徐俊仔细检查才发现，吴建军安装的地板存在严重的质量问题。徐俊十分生气，要求全部重装。吴建军拒绝重装，但考虑到地板安装的效果不尽如人意，愿意少收一些工费。徐俊不愿接受减少工费的条件，坚持要求吴建军重装，二人争执不下。

【说法明理】

类似本案的情形,我们在日常生活中常会遇到,比如定做的家具和约定的不一致导致无法安装,送去修理后的车辆发现问题仍然没有解决,拿去干洗的衣服发现没有洗干净,等等。遇到这样的情形,我们可以提出怎样的要求呢?对此,《民法典》第七百八十一条规定:"承揽人交付的工作成果不符合质量要求的,定作人可以合理选择请求承揽人承担修理、重作、减少报酬、赔偿损失等违约责任。"

本案中,徐俊与吴建军所签订的合同属于承揽合同,吴建军有义务为徐俊的蛋糕店安装木地板并交付工作成果,徐俊需要支付相应的报酬给吴建军。但是,吴建军负责安装的木地板不符合应有的质量要求,不能认为他已经完全履行了自己的合同义务,徐俊有权要求他承担违约责任。至于如何承担违约责任,《民法典》第七百八十一条将选择权赋予了定作人,由定作人根据自己的情况选择对其最有利的违约责任形式,来最大限度地保护遵守约定的定作人的利益。在这种情况下,徐俊要求吴建军重新安装地板是符合法律规定的,更何况本案中的实木地板在性质上是可以拆卸的,且不会因拆除而导致木地板大量损坏或无法安装。因此,即使吴建军拒绝,徐俊也有权要求其重新安装木地板。

78. 定作人享有任意解除权

【身边案例】

高中毕业后,魏伟与自己的表弟万光明合伙做生意,二人齐心协力,赚了不少钱。听说万光明要结婚了,魏伟早早地就在考虑要给万光明夫妻送什么贺礼。魏伟记起万光明的未婚妻名叫马皎皎,灵机一动,心想:一个姓万,一个姓马,那岂不是"万马奔腾"?于是,他特地找到著名铜画画家陈知音的工作室,以5万元的价格定制了一幅铜画作品,要求画面以奔跑的马群为主要内容,再题上一行小字"恭贺万光明、马皎皎夫妻新婚",于1个月之内完成。谁知签下合同不到10天,万光明就失落地告诉魏伟,因为聘礼和嫁妆的问题婚结不成了。魏伟一听可傻眼了,赶忙找到陈知音说明情况,希望能够解除合同。陈知音却表示,定制画作至今已经有几天了,该画的设计早已完成,铜板已备好,若就此解除合同,先前的工作便白费了,实在不能接受。然而魏伟并不喜欢书画,要这幅铜画也没有用处,即使支付一些赔偿款,也希望能够解除合同。

【说法明理】

在法律上,一方根据约定为另一方完成一定工作并交付工作成果,另一方接受工作成果并支付相应的报酬,这样的合同被称为承揽合同。承揽合同有很特殊的性质,它是为完成一方的特定要求和特定需要而存在的,当一方不再需要另一方完成这项工作的时候,承揽合同也就失去了存在的意义。对此,《民法典》第七百八十七条规定:"定作人在承揽人完成工作前可以随时解除合同,造成承揽人损失的,应当赔偿损失。"

本案中，陈知音根据魏伟祝贺万光明、马皎皎夫妻新婚的需求作《万马奔腾》这幅画，但是当万光明、马皎皎解除婚约的时候，定制这幅画作对魏伟来说也不再具有任何价值，魏伟遂向陈知音提出解除合同。根据《民法典》第七百八十七条的规定，由于陈知音尚未完成《万马奔腾》，魏伟是有随时解除合同的权利的。同时，由于陈知音为完成画作已经付出了辛苦的劳动，为了平衡双方的利益，对于因合同解除而造成的全部损失，陈知音有权要求魏伟赔偿。

79. 在公交车上受到他人伤害怎么办？

【身边案例】

某日，张芝应闺蜜李菲的邀请参加朋友聚会，晚上8点聚会结束后，张芝乘坐公交车回去。不想，车上两位旅客因琐事发生口角，继而动起手来，其中一人摔倒，撞在张芝身上。张芝猝不及防，摔下座位。虽然手腕很疼，但因为很快就到站了，张芝也没在意。不料张芝的手腕一晚上疼痛不止，疼得她无法入睡，于是次日早早前往医院，经检查确认手腕骨裂，花去医疗费5000多元。张芝前往公交公司，希望通过行车录像找到两名旅客，但公交公司回复车上的录像系统已经坏了好多天，一直没有维修，于是张芝希望公交公司能够承担责任。

【说法明理】

公交、地铁、出租、网约车等都是现代人出行时经常乘坐的交通工具，旅客因而与公交公司、地铁公司、出租车公司、网约车驾驶人之间形成了运输合同关系，双方各自享有权利，并承担义务。实践中，因为交通事故或其他原因导致旅客伤亡的情况时有发生，于是涉及在什么情况下由谁承担责任的问题。对此，《民法典》第八百二十三条第一款规定："承运人应当对运输过程中旅客的伤亡承担赔偿责任；但是，伤亡是旅客自身健康原因造成的或者承运人证明伤亡是旅客故意、重大过失造成的除外。"

本案中，张芝乘坐公交车，与公交公司之间成立了运输合同关系。张芝在公交车上因其他人的打闹而导致手腕骨裂，这一伤害并不是由于张芝的健康原因或者故意、重大过失造成的，因此公交公司应当承担赔偿损失的合同责任。同时，基于合同相对性原则，公交公司不能以第三人造成损害为由抗辩不承担责任。对此，《民法典》第五百九十三条规定："当事人一方因第三人的原因造成违约的，应当依法向对方承担违约责任。当事人一方和第三人之间的纠纷，依照法律规定或者按照约定处理。"

另外，由于张芝受到的人身伤害是由于车上两名旅客的打闹造成的，两名旅客的行为构成侵权，张芝也可以根据《民法典》"侵权责任编"的规定，要求两名旅客承担连带或按份的侵权责任。但对于公交公司的合同责任和两名旅客的侵权责任，张芝只能主张其中的一项，而不能重复获得赔偿。

80. 霸座的后果

【身边案例】

2020年1月9日，丁振东因公出差，乘坐火车前往目的地，不料上车后却发现一名年轻男子正坐在自己的座位上。丁振东尝试与对方沟通并出示了自己的车票，但对方拒不让座，甚至用脏话辱骂丁振东，态度十分恶劣。该旅客名叫王樊，在上一站登上火车后，对自己的座位不满意，看到丁振东的座位空着且靠近车窗，便于欣赏风景，王樊便一直坐在本属于丁振东的座位上。丁振东不愿在大庭广众之下同王樊对骂，只好请求火车上的工作人员帮忙解决。工作人员对王樊好言相劝，王樊却叫他们不要多管闲事，继续对丁振东进行言语攻击。几分钟后，安全员也及时赶到，要求王樊回到自己的座位上，王樊依旧态度十分强硬，不仅拒不配合，还高声辱骂安全员。最终，安全员通报了前方到站派出所，火车到达下一站后，两名派出所民警上车，将王樊强制带离了火车。

【说法明理】

在买票乘坐火车时，每一张车票都有对应的座位号，旅客应当按照车票上记载的座位号乘坐。生活中，或许有一些人认为，即使坐了别人的座位也没什么大不了的，乘警也不能拿自己怎么样。事实上，霸座行为严重扰乱了乘车秩序，《民法典》已经将霸座问题纳入法律规范的范围之内，现在它已不仅仅是一个社会公德的问题了，还是一个法律问题。《民法典》第八百一十五条第一款规定："旅客应当按照有效客票记载的时间、班次和座位号乘坐。旅客无票乘坐、超程乘坐、越级乘坐或者持不符合减价条件的优惠客票乘坐的，应当补交票款，承运人可以按照规定加收票款；旅客不支付票款的，承运人可以拒绝运输。"不仅如此，根据国家发改委等部门联合发布的《关于在一定期限内适当限制特定严重失信人乘坐火车 推动社会信用体系建设的意见》（发改财金〔2018〕384号），对于霸座旅客，可能会受到联合惩戒，限制其在一定期限内乘坐火车；更为严重的，还会受到行政处罚。

　　本案中，王樊不仅未按照座位号乘坐火车，还拒绝让出本属于丁振东的座位，甚至用脏话辱骂丁振东，在工作人员和安全员试图维持火车秩序时拒绝配合，严重扰乱了乘车秩序，也违反了法律的规定，应受到行政处罚。

81. 不得携带危险物品登机！

【身边案例】

周妍经营着一家茶叶店。一天，她准备去福建进货，在国内机场进行安检时，周妍意外地被机场工作人员拦下。原来是因为她的化妆包中携带了两瓶防晒喷雾。安检人员告知周妍，其中一瓶 50mL 的防晒喷雾因有易燃易爆标识，另一瓶 120mL 的防晒喷雾虽没有易燃易爆标识，但超过了 100mL 的规定限制，因此两瓶防晒喷雾都不能带上飞机，只能托运。周妍虽然知道危险物品不可以带上飞机，但却不以为然，她想："小小的两瓶防晒喷雾而已，能威胁到谁呢？这两瓶防晒喷雾的价格可不便宜，而且是托朋友从法国买的，扔了怪心疼的。"于是，周妍便向安检人员求情，希望能允许自己携带防晒喷雾登机，但安检人员始终坚持，无论她说什么，都坚决不允许。周妍不顾登机

提醒，依然和工作人员争执，不肯丢下防晒喷雾，因此没能赶上航班。这时周妍更加激动，和工作人员大吵大闹，并要求赔偿她由于未及时登机所造成的损失。

【说法明理】

在安全问题上，谁都不该抱有侥幸心理。易燃、易爆等危险物品会给交通安全造成极大的威胁，在交通工具运行过程中，一旦发生事故，威胁的不只是携带危险物品的旅客本人，还包括交通工具上的所有旅客和社会公众。对此，《民法典》第八百一十八条明确规定："旅客不得随身携带或者在行李中夹带易燃、易爆、有毒、有腐蚀性、有放射性以及可能危及运输工具上人身和财产安全的危险物品或者违禁物品。旅客违反前款规定的，承运人可以将危险物品或者违禁物品卸下、销毁或者送交有关部门。旅客坚持携带或者夹带危险物品或者违禁物品的，承运人应当拒绝运输。"2016年，中国民用航空局发布了《民航旅客禁止随身携带和托运物品目录》和《民航旅客限制随身携带或托运物品目录》，对禁止和限制携带物品进行了详细规定。

在本案中，防晒喷雾属于易燃品，具有危险性，不允许带上飞机。周妍错以为防晒喷雾很少，不碍事，可以靠着"通融"带上飞机，是不对的。在周妍坚持携带危险物品时，根据《民法典》的规定，航空公司不是"可以"拒绝运输，而是"应当"拒绝运输。如果安检人员真的给周妍"通融"了，是置全机旅客生命安全于不顾的违法行为。这一规定看似不通人情，其实是为了保护包括周妍在内的所有旅客的安全。在这种情况下，周妍的损失完全是由于自己的原因造成的，当然无权要求航空公司进行赔偿。

82. 公交车上逞能受伤，责任谁来担？

【身边案例】

2020年12月15日，郑越和女友高紫薇乘坐6路公交车从市图书馆到明德新街。车上人很多，两人只能站着。每到一站，在旅客上下后车门关闭时，车内广播都会照例提示下一站站名，并要求旅客站稳扶好。广播声音很大，高紫薇嘟囔着很吵，郑越则趁机对女友吹嘘："我打小平衡性就特别好，坐公交车从来不用扶。"高紫薇并不相信，叫他站好，少吹点牛。当公交车经过一个拐弯路口时，郑越故意放开扶手，双手插兜，"金鸡独立"，意在向女朋友展示自己的平衡能力。不料在转弯过程中，郑越站立不稳，摔倒在地起不来。高紫薇赶忙拨打120，在公交车司机孙晓萍的协助下将郑越送往医院。经诊断，郑越头部遭受撞击，造成轻微脑震荡，为此误工1周，花去医疗费若干。事后，郑越认为司机转弯太急是造成自己受伤的主要原因，要求公交公司赔偿自己全部的医疗费和误工费。但公交公司认为，根据行车记录仪中的记录，转弯时公交车并未超速，车内广播也已提示旅客站稳扶好，公交车已尽到安全运输的义务，不应为郑越的损害负责。

【说法明理】

交通运输安全需要承运人和旅客共同维护，正如一物之正反两面，缺一不可。对此，《民法典》一方面规定了承运人的安全运输和告知义务，另一方面也规定了旅客的协助和配合义务。《民法典》第八百一十九条规定："承运人应当严格履行安全运输义务，及时告知旅客安全运输应当注意的事项。旅客对承运人为安全运输所作的合理安排应当积极协助和配合。"

在本案中，公交公司已经通过循环播放车内广播的方式及时提醒旅客站稳扶好，公交车在行驶过程中也没有超速、闯红灯等违规驾驶行为。郑越之所以受伤，主要是由于其拒绝配合，在听到"站稳扶好"的广播后反而故意放开扶手，将自己置于危险之中。可见，公交公司已经履行了安全运输和告知义务，而作为旅客的郑越却没有很好地履行"配合"义务。《民法典》第八百二十三条第一款规定："承运人应当对运输过程中旅客的伤亡承担赔偿责任；但是，伤亡是旅客自身健康原因造成的或者承运人证明伤亡是旅客故意、重大过失造成的除外。"本案中，事件的发生是源于郑越的盲目自信，极度轻率地认为凭自己的能力能够避免损害的发生，已经可以认定为构成重大过失，公交公司不承担责任。

83. 火车晚点怎么办?

【身边案例】

2020年9月3日,贺亚楠购买了当日重庆北站至秀山站的旅客车票一张,铁路客服网站显示抵达秀山站的时间是21:45。然而火车却意外晚点,当天22:45才到达秀山站。原来,从8月起我国南方便出现了强台风暴雨天气,持续的降水损坏了该次火车途经的部分路段的铁路路基。为确保铁路运营安全,火车在部分路段进行了限速行驶。加之中途会让,导致火车晚点。贺亚楠认为火车晚点打乱了自己的行程计划,造成了损失,铁路公司应当予以赔偿。铁路公司承认火车晚点一事,但提出重庆北站在预知火车将晚点时已及时通过广播和电子显示屏告知旅客晚点事由并道歉,贺亚楠知晓后,并没有退票或要求安排乘坐其他车次火车,而是继续等待。另外,铁路公司还采取了补

救措施，缩短了整备时间尽早到站。因此，铁路公司认为已尽到义务，不应赔偿贺亚楠的损失。

【说法明理】

当旅客乘坐火车时，铁路公司与旅客之间形成了客运合同关系，铁路运输公司有义务按时将旅客送达目的地。但在实际生活中，经常出现各种各样的意外情况，导致火车不能如期抵达站点，从而引发纠纷。为了更好地解决这一类问题，《民法典》第八百二十条规定："承运人应当按照有效客票记载的时间、班次和座位号运输旅客。承运人迟延运输或者有其他不能正常运输情形的，应当及时告知和提醒旅客，采取必要的安置措施，并根据旅客的要求安排改乘其他班次或者退票；由此造成旅客损失的，承运人应当承担赔偿责任，但是不可归责于承运人的除外。"

在本案中，火车既然已经晚点，无论是出于什么原因，铁路公司都应当履行前三项义务，如因未履行而给旅客造成损害的，应当承担赔偿责任。从本案情况看，铁路公司已经告知和提醒，贺亚楠没有提出改乘或退票要求，铁路公司也不存在采取安置措施不当情形，则应认为其已经履行了前三项义务。

至于第四项，因火车晚点主要有两个原因：其一，恶劣天气损坏路基，出于安全考虑对火车进行了限速；其二，火车正常会让，耗费了一定时间。通常来说，恶劣天气并非人力可控制，火车会让也属火车运行中的正常情况，都不能归责于铁路公司，因此其不应当承担赔偿责任。

84. 承运人的救助义务

【身边案例】

张凤春年过六旬,平日与丈夫生活在一起。由于张凤春的丈夫腿脚不便,买菜的活儿向来都是由张凤春承担。每周周一,张凤春会独自乘坐公交车到附近的早市购买既便宜又新鲜的蔬菜。一日,张凤春起床时感觉不太舒服,丈夫劝她休息一下,下午再去买菜。张凤春想到家中囤的菜即将吃完,下午的菜不新鲜,就没有听从丈夫的劝告。谁想到,在公交车上,张凤春突发心脏病。乘客们见张凤春浑身瘫软,痛苦倒地,不知发生了什么,都不敢靠近。幸好公交车司机赵师傅察觉后,迅速拨打了120急救电话;在救护车抵达之前,又当机立断,在征得其他旅客的同意后调头开往最近的第一医院,指挥几名热心旅客共同将张凤春抬下公交车,送往医院急救。然而,尽管赵师傅尽力救援,张凤春依然不幸离世。张凤春的子女认为,老人在公交车上不幸身亡,公交公司应承担一定的责任,但公交公司认为赵师傅在事故发生时已经及时拨打了120急救电话并将张凤春送往医院抢救,没有过错,不应承担责任。

【说法明理】

当旅客乘坐公交车这样封闭运行的交通工具时,处于一个与外界相对隔离的空间之内,一旦发生危险,交通工具之外的救助难以立即到达,交通工具的实际掌控者是否对其及时进行援助,对旅客的生命安全十分必要。因此,《民法典》第八百二十二条规定:"承运人在运输过程中,应当尽力救助患有急病、分娩、遇险的旅客。"这是对承运人救助义务的法律规定,至于尽力与否判断的标准,应当根据当时的具体情况进行判断,如交通工具的类型、情况的紧急程度、救助的客观条件及其限制等。

本案中,张凤春因急病痛苦倒地之后,公交车司机赵师傅及时拨打急救电话并更改路线开往医院。在当时的情况之下,作为不懂医疗专业知识的普通司机,赵师傅已经尽了最大的努力。可以认定公交公司一方已经履行了《民法典》第八百二十二条所规定的"尽力救助"的义务,虽然最终并未成功救回张凤春,但对于张凤春因心脏病突发不幸离世一事,公交公司无须承担赔偿责任。

85. 延迟收货的责任

【身边案例】

董鹤强是富光物流公司的业务员,代表富光物流公司与张文虎签订了一份货物运输合同,约定由张文虎运送一批汽车轮胎,于4小时内从河北省张家口市运至内蒙古自治区包头市某公司的仓库中。合同签订后,张文虎指派司机何明生驾车运输。由于当时路况较好,并未堵车,何明生提前一个半小时便将轮胎送到富光物流公司指定的仓库。然而,到达仓库后,何明生找不到指定的收货人,而且公司大门紧闭,里面也无人应答。何明生就打电话给董鹤强,但董鹤强一直没有接听电话,1小时后,董鹤强的手机竟然关机了。由于何明生按计划需要尽快返回张家口市,张文虎不得已联系了收货地附近与自己有商业往来的茂源公司,暂时将货物卸在其仓库中,并支付了保管费2000元。当天傍晚,董鹤强指定的收货人才联系张文虎。张文虎认为,富光物流公司逾期收货,造成了自己的损失,要求富光物流公司支付2000元保管费。富光物流公司则以没有将货物送到指定地点为由拒绝了张文虎的要求。

【说法明理】

在货物运输过程中,货物运达目的地后,若收货方未及时接收货物,承运人便陷入尴尬境地:贸然卸货,货物无人看管,一旦出现毁损等意外情况,承运人可能被迫承担责任;但是,无止境地滞留原地对承运人来说又不是有效率的选择。对此,《民法典》第八百三十条规定:"货物运输到达后,承运人知道收货人的,应当及时通知收货人,收货人应当及时提货。收货人逾期提货的,应当向承运人支付保管费等费用。"也就是说，按照约定及时接收货物是收货人的义务，如果违反了这一义务，构成履行迟延，将产生向承运人支付保管费的责任。《民法典》第八百三十六条规定："托运人或者收货人不支付运费、保管费或者其他费用的，承运人对相应的运输货物享有留置权，但是当事人另有约定的除外。"

本案中，张文虎指派的司机何明生在运输货物到达指定地点后，始终联系不到收货人，富光物流公司的行为构成逾期收货，理应为此负责。张文虎将轮胎暂时寄存在茂源公司的仓库中，损失保管费2000元，富光物流公司理应支付。

86. 运输途中遭遇不可抗力，如何处理？

【身边案例】

2021年7月8日，家明公司与信达公司签订货物运输合同，约定由信达公司将家明公司的一批货物运输到指定地点，货物价值20万元，运费5000元。家明公司在签订合同后支付了运费，信达公司安排司机刘碧霞驾驶和运输。运输途中需要走一段山路，由于该地近日持续暴雨，引发了泥石流，因当时无法倒车或向他处躲避，危急时刻司机刘碧霞弃车逃生，导致车辆及车上装载的货物被泥石流冲走。家明公司认为货物是在信达公司手中毁损的，信达公司应当赔偿货物损失20万元，并退还运费5000元。信达公司则认为自己对货物毁损并无过错，不同意赔偿损失，也不同意返还运费。

【说法明理】

在合同履行过程中，当事人双方应当按照约定全面履行义务，并在违反合同义务时承担违约责任。不过，不加区分地让违反义务的一方在任何情况下都承担责任，于情于理都过于严苛。比如不能履行合同义务是由于一些不能预见、不能避免、不能克服的情形——也就是所谓的"不可抗力"所引起的，当事人往往可以根据法律规定免除责任。这些"不可抗力"不仅包括台风、地震、泥石流等自然灾害，还包括征收、征用等政府行为，罢工、骚乱等社会事件。《民法典》第八百三十二条规定："承运人对运输过程中货物的毁损、灭失承担赔偿责任。但是，承运人证明货物的毁损、灭失是因不可抗力、货物本身的自然性质或者合理损耗以及托运人、收货人的过错造成的，不承担赔偿责任。"在本案中，信达公司在运输途中遭遇泥石流是典型的不可抗力，据此可以免除其赔偿责任，家明公司不能向信达公司请求赔偿货物损失20万元。

至于运费，《民法典》第八百三十五条规定："货物在运输过程中因不可抗力灭失，未收取运费的，承运人不得请求支付运费；已经收取运费的，托运人可以请求返还。法律另有规定的，依照其规定。"因此，信达公司应当退还家明公司的运费5000元。

合 同 篇

87. 能够随意将保管物转交给第三人保管吗？

【身边案例】

于小文是一名大学生，课余爱好是骑摩托车兜风。为了找到其他摩托车爱好者互相交流，于小文主动加入了自己家所在城市的一个摩托车爱好者协会，在协会中交到了很多志同道合的朋友。其中有一名会员名叫王琦，二人不仅就摩托车相关的话题聊得来，三观也很一致，关系很快亲近起来。8月25日，于小文的暑假即将结束。因为不放心将自己的爱车交给不懂车也不爱车的家里人，于小文联系了同样热爱摩托车的王琦，希望王琦能够为自己暂时保管。经过一番商量，王琦同意保管摩托车到于小文放寒假为止。于小文欣然同意。1个月后，于小文趁国庆节假期回家，很想骑摩托车兜兜风，便到王琦家取车。没想到，车却并不在王琦手中。王琦称，由于家住楼房，照管不便，

他已将车交给开修车行的一位亲戚小高保管。于小文十分生气,要求王琦取回摩托车。但是当他们在修车行看到摩托车时傻眼了,原来,小高骑于小文的摩托车兜风时撞了车,摩托车基本报废。于小文要求王琦赔偿,王琦则认为错不在自己,于小文可以找小高索赔。

【说法明理】

在保管合同中,因为保管人占有寄存人交付的保管物,寄存人实际上承担了保管物有可能被未经许可而使用,甚至是被侵吞的风险。而在保管合同订立前,寄存人往往也需要判断寄存人是否具有保管的能力,是否会因粗心大意导致保管物毁损等,这就使得保管合同往往基于一定的人身信赖关系而订立。也正因为如此,如果在寄存人不知情的情况下保管人突然变为第三人,便会置寄存人于无法预测的风险之中,这是不合理的。为了保障保管物的安全与寄存人的合理利益,《民法典》第八百九十四条规定:"保管人不得将保管物转交第三人保管,但是当事人另有约定的除外。保管人违反前款规定,将保管物转交第三人保管,造成保管物损失的,应当承担赔偿责任。"也就是说,只要保管人未经寄存人同意将保管物交由第三人,不管是什么原因导致的保管物的损失,保管人都应当承担责任。

在本案中,于小文出于对王琦的信任,将自己的摩托车交给王琦保管。双方没有对能否转交第三人保管作出约定,应推定为不允许转交第三人保管。王琦未经于小文同意将摩托车交给亲戚小高保管,应当就摩托车报废向于小文承担赔偿责任。当然,如果小高的行为符合"侵权责任编"关于侵权责任的规定,于小文也可以向其主张侵权损害赔偿。

88. 无偿保管如何承担责任？

【身边案例】

何广平到福建出差时，在一村民李某家看上了几块上好的楠木板，经过讨价还价，以15万元成交。但是，由于何广平出门时并未开车，需按计划乘高铁返回，暂时不便携带。为此，何广平找到了在当地居住的朋友赵民，请求赵民暂时为自己保管楠木，赵民爽快答应。3个月后，何广平开车去往福建，找到赵民取楠木板。当赵民从一间配房中将楠木板取出后才发现，有几块楠木板已经严重受潮发霉，原来是因为近两个月持续下雨，天气潮湿所致。看着发霉的楠木板，何广平无比心疼，埋怨起赵民。那么，何广平的损失谁来负责呢？

【说法明理】

保管合同可以根据保管人是否有权获得报酬分为两种：有偿保管合同和无偿保管合同，它们所适用的规则是不同的。通常而言，有偿保管合同多见于商业往来，保管人、寄存人多为商事主体，彼此都能够清楚地计算利益得失，考虑寄存和保管的风险和收益；无偿保管合同则多见于民间，许多都是亲朋好友之间互相帮忙。对于有偿保管来说，因为保管人有权取得报酬，自然应当更为谨慎；而对于无偿的保管人而言，其本身不会因履行保管义务而获得实际利益，因此也不宜对其作太高的要求。《民法典》第八百九十七条规定："保管期内，因保管人保管不善造成保管物毁损、灭失的，保管人应当承担赔偿责任。但是，无偿保管人证明自己没有故意或者重大过失的，不承担赔偿责任。"关于过错的类型，民法理论上分为故意、重大过失、一般过失和轻微过失。因此，对于无偿保管合同，保管人对自己的故意、重大过失向寄存人负责；而对于有偿保管合同，保管人要对自己的故意、重大过失和一般过失向寄存人负责，责任更重。

在本案中，赵民对楠木板的保管并未收取任何费用，属于无偿保管合同。楠木板受潮是由于天气原因造成的，赵民并不具有保管楠木板的专业知识，何广平也未向赵民告知保管的注意事项，不能认为赵民存在故意或重大过失，其无须向何广平承担赔偿责任，何广平应自担损失。

89. 保管物和孳息的返还

【身边案例】

杨宏娟是天生聋哑人，二十出头，尚未结婚。家里共有四口人，母亲因病早逝，父亲常年在外打工，两个未成年的弟弟都在读中学，一家人日子过得很拮据。2021年2月，父亲在工作时发生工伤事故不幸去世，家里瞬间失去了顶梁柱。因杨宏娟与他人沟通存在障碍，在堂哥杨永军的帮助下，经与父亲所在公司多番协商，后者同意赔偿60万元。又因杨宏娟没有银行账户，便由杨永军代为收取。2021年3月5日，该笔赔偿款汇入杨永军指定的银行账户。由于心里悲痛，加之要照顾两个弟弟，杨宏娟用了近半年的时间才走出父亲去世的阴影，到银行办理了开户手续，并找到杨永军希望将60万元转到自己的账户中。不料杨永军声称因杨宏娟一直没有要钱，就将钱买了半年期的理财产品，说等到期后再转给杨宏娟。3个月后，当杨宏娟再次找到杨永军时，杨永军说自动续存了。杨宏娟要求现在就把钱取出来，连同利息一起还给自己，杨永军不同意。

【说法明理】

保管合同既不要求必须存在书面的合同形式，也不要求保管物一定为"物品"，货币的保管一样可以成立保管合同。在双方对保管期限没有明确约定的情况下，寄存人可以随时领取保管物品，而保管人应当及时归还。对此，《民法典》第八百九十九条规定："寄存人可以随时领取保管物。当事人对保管期限没有约定或者约定不明确的，保管人可以随时请求寄存人领取保管物；约定保管期限的，保管人无特别事由，不得请求寄存人提前领取保管物。"在本案中，杨永军代杨宏娟姐弟收取赔偿款，虽然并未签订书面协议，但已经实际上形成了一个保管合同。由于双方并未约定何时领取保管物，杨宏娟可以随时领取。杨永军用赔偿款买了理财产品，如杨宏娟认可，自然可以等待到期后再取出交还；而如果杨宏娟不认可，杨永军应当及时取出交还。

另外，关于利息，在民法上称为"孳息"，《民法典》第九百条规定："保管期限届满或者寄存人提前领取保管物的，保管人应当将原物及其孳息归还寄存人。"因此，杨永军不仅要返还60万元本金，还要连同利息，全部返还给杨宏娟。

90. 储存危险物品未事先说明，保管人能否拒绝？

【身边案例】

姚正林主要做建材生意，曾经多次与柏云仓储公司签订仓储合同，生意往来较多。一天，有位朋友因需要一批工业酒精，找到姚正林帮忙介绍客户，恰巧姚正林在此类生意上也有些人脉，看到价格合理，便答应由自己来提供。在洽谈过程中，因出卖人一方提供酒精的时间与朋友需要酒精的时间不匹配，姚正林只能先将收到的酒精储存半个月。为此，姚正林给柏云仓储公司经理梁广志打电话称："我这儿又来了一批货，还是老样子，12月19日存到你们仓库，派人接一下。"由于以往姚正林联系梁广志储存的货物均为建材，梁广志以为该批货物仍为建材，便答应下来。12月19日，当姚正林交付货物时，梁广志才发现货物并非建材，而是工业酒精。酒精易挥发、易燃，与以往姚正林储存的建材性质不同，柏云仓储公司并没有相应的保管条件。出于安全考虑，梁广志拒绝接收该批酒精。姚正林不得不联系其他仓储公司。

【说法明理】

出于保障人身及财产安全考虑，一些危险物品在运输、仓储的过程中往往与普通物品适用不同的规则。在仓储环节，法律不仅要求危险物品的保管人具备相应的保管条件，而且还对存货人规定了说明物品性质、提供有关资料的义务。《民法典》第九百零六条规定："储存易燃、易爆、有毒、有腐蚀性、有放射性等危险物品或者易变质物品的，存货人应当说明该物品的性质，提供有关资料。存货人违反前款规定的,保管人可以拒收仓储物,也可以采取相应措施以避免损失的发生,因此产生的费用由存货人负担。保管人储存易燃、易爆、有毒、有腐蚀性、有放射性等危险物品的,应当具备相应的保管条件。"

本案中,酒精易燃,属于危险物品。姚正林在口头与梁广志签订仓储合同时含糊其词,仅告诉柏云公司"又来了一批货",并没有及时说明不是以往交易中的建材而是易燃的危险品,其行为未尽到法律要求的说明义务。柏云仓储公司本身没有相应的保管酒精的条件,是不能保管酒精的。在这种情况下,柏云仓储公司有权拒收,相关损失应当由姚正林自己承担。

91. 提前提取仓储物的费用如何计算？

【身边案例】

东阳公司计划同海外某公司进行一笔铜材交易。为了在交付铜材前尽可能妥善储存铜材，东阳公司特地同远达物流公司在5月10日签订了货物仓储保管合同。合同约定，由远达物流公司为东阳公司提供货物运输、装卸和仓储服务，东阳公司应在8月8日之前付清运输费、装卸费以及仓储费，并于8月10日至11日提取货物。由于市场行情变化，东阳公司加快了与国外公司的洽谈，并提前签订了合同。按照约定的进度，7月26日，东阳公司向远达物流公司要求提取铜材，并承诺可以在提取铜材时一次性付清各种款项，但主张按照实际仓储时间计算仓储费用。远达物流公司不认可东阳公司的观点，认为东阳公司提前提取铜材损害了自己的利益，一方面拒绝交付铜材，另一方面要求东阳公司严格遵守合同约定，只能于8月10日至11日提取货物。

【说法明理】

在仓储合同中，当事人往往会约定一个提取仓储物的时间，而在实际履行合同时，由于市场形势千变万化，为了使交易获得的利益最大化，存货人并不一定总是会按照最初约定的时间提取仓储物，既有可能会提前，也有可能会延后。在法律上，这样的变化是允许的。《民法典》第九百一十五条规定："储存期限届满，存货人或者仓单持有人应当凭仓单、入库单等提取仓储物。存货人或者仓单持有人逾期提取的，应当加收仓储费；提前提取的，不减收仓储费。"

因此，在本案中，东阳公司和远达物流公司的观点都不完全正确，也不完全错误。东阳公司有权提前提取仓储物，但是不得根据实际仓储的时间要求减收仓储费。这样一来，东阳公司所支付的成本或许较之于实际成本有所增加，但由于能够提前提取仓储物，也可以在其他交易中获得更多的收益；与此同时，远达物流公司所收取的仓储费用不会降低，仓库被占用的时间却会减少，不但没有损失，还获得了利益，双方的利益都能够得到合理的保护。

92. 仓储物保管不善的责任承担

【身边案例】

由于经营需要，嘉美科技公司与讯鸟物流公司签订了一份仓储合同，约定嘉美科技公司将一批货物交由讯鸟物流公司储存保管。收到嘉美科技公司的货物后，讯鸟物流公司及时安排人手，将该批货物放置在北侧仓储区保管，并向嘉美科技公司出具了货物入库清单。数日后，讯鸟物流公司意外发生火灾，致使嘉美科技公司存放的价值约98万元的货物全部毁损、灭失。事故发生后，消防机关对事故发生原因进行了排查，认定：该事故可排除放火、外来火源、雷击、电气故障等，不排除南面仓储区遗留火种导致的火灾。嘉美科技公司申请复核。经由多轮程序之后，《火灾事故重新认定书》和《火灾事故认定复核决定书》均认定，是因为讯鸟物流公司的一名工作人员在库房内违规吸烟导致了火灾的发生。该名工作人员已经被刑事拘留。嘉美科技公司要求讯鸟物流公司赔偿全部损失，共计98万元。

【说法明理】

仓储合同本质上也是保管合同，在法律规则上，两者有很多相同之处，因此《民法典》第九百一十八条才规定："本章没有规定的，适用保管合同的有关规定。"不过，与保管合同属于民事合同，进而区分有偿保管和无偿保管不同，仓储合同属于商事合同，都是有偿的，不存在无偿的仓储合同。关于仓储物毁损、灭失时的责任承担，仓储合同原则上与有偿保管合同一样，但稍微有些差异。《民法典》第九百一十七条规定："储存期内，因保管不善造成仓储物毁损、灭失的，保管人应当承担赔偿责任。因仓储物本身的自然性质、包装不符合约定或者超过有效储存期造成仓储物变质、损坏的，保管人不承担赔偿责任。"对比第八百九十七条，两者在承担责任上均采取过错归责原则，保管人只有在有过错（故意、重大过失和一般过失）的情况下才承担赔偿责任；但第八百九十七条没有规定免责事由，主要是因为在保管合同中，即使是有偿，通常情况下也不存在第九百一十七条的例外情形。

  本案中，火灾发生的原因是工作人员在库房内违规吸烟，讯鸟物流公司应当对其所雇佣的工作人员的行为负责，据此可以认为讯鸟物流公司没有尽到妥善保管的义务，存在"保管不善"情形。因此，嘉美科技公司可以要求讯鸟物流公司承担违约损害赔偿责任。

93. 委托人可以直接对转委托人提出要求吗?

【身边案例】

2021年8月2日，孙姗姗接受盛子鑫的委托，出售盛子鑫所有的位于新开发区的两套房屋。双方在合同中约定了房屋的出售价格、合同报酬及其他事宜。合同签订后，盛子鑫向孙姗姗出具了授权委托书、房产证和其他有关资料，并将钥匙交付于盛子鑫，之后就出国旅游了。孙姗姗接受委托后便开始工作，第一套房屋很快售出，但第二套房屋一直没有找到买主。到了9月中旬，事情又有变故，孙姗姗因故无法处理第二套房屋。孙姗姗多次联系盛子鑫未果，便委托朋友高洪波代办第二套房屋的出售。高洪波在朋友圈发布信息后，很快就有买家联系看房。又过数日，孙姗姗终于与盛子鑫取得联系。盛子鑫听说之后，同意高洪波为自己代理出售房屋，但考虑到最近房价走势，希望房价能再提高一些。为此，盛子鑫从孙姗姗处要来了高洪波的联系方式，将提高房价的要求直接告诉了高洪波。高洪波心里犯嘀咕，我到底是听孙姗姗的还是听盛子鑫的？

【说法明理】

通常情况下，将自己的事务放心地交给他人处理是出于对对方的信任。所以受托人原则上应当亲自处理委托事务，不能随意把受托事务再委托给第三人办理。但也有例外，《民法典》第九百二十三条规定："受托人应当亲自处理委托事务。经委托人同意，受托人可以转委托。转委托经同意或者追认的，委托人可以就委托事务直接指示转委托的第三人，受托人仅就第三人的选任及其对第三人的指示承担责任。转委托未经同意或者追认的，受托人应当对转委托的第三人的行为承担

责任；但是，在紧急情况下受托人为了维护委托人的利益需要转委托第三人的除外。"在转委托关系中，存在着委托人、受托人和次受托人三方，委托人和受托人之间是委托合同关系，受托人和次受托人之间也是委托合同关系，但委托人和次受托人之间不存在合同关系。因此，基于合同相对性原则，委托人和次受托人之间原则上不存在权利义务关系，但是本条突破了这一限制，其原因在于：一来委托人已经同意或追认，二来次受托人受托时是知道委托人存在的，其愿意接受受托人的委托，也就暗含了不排斥与委托人发生权利义务关系的意思。

本案中，盛子鑫委托孙姗姗出售两套住宅，二人所签订的合同属于委托合同；尽管孙姗姗在未告知盛子鑫的情况下将售房事宜又转委托给了高洪波，但是事后盛子鑫是追认了的。因此，尽管盛子鑫与高洪波之间没有直接的合同关系，但也可以就委托事务直接要求高洪波。

94. 无偿委托如何承担责任？

【身边案例】

姜茹想购买一台方便携带的笔记本电脑，由于对电脑不太了解，就委托同学常卓代其购买。对于电脑的型号和性能，姜茹没有提太多要求，但希望外形好看一些，价格在8000元以下。受到委托后，常卓到工作单位附近的某品牌电脑专卖店为姜茹挑选了一台5800元的最新款电脑，性能仅为中上，但胜在设计精致、外形优美。常卓认为这台电脑很符合姜茹的需要，仔细检查确认电脑完好无损后便买了下来，交给姜茹。电脑到手后，姜茹十分喜欢。后来，姜茹在利用该笔记本电脑记录实验数据时，电脑突然蓝屏，经联系售后客服并上网查询评论后才发现，这一型号电脑的蓝屏率很高，即使送修后也无法彻底修好，不少网友在购入该型号电脑后都出现了类似的情况。姜茹重新启动电脑，但先前的数据已经丢失，无法找回，可谓损失惨重。因此，姜茹认为常卓在选购电脑上并未尽到责任，埋怨起常卓来。但常卓认为自己帮她做事，不仅得不到感谢，还要被责怪，也十分不满。

【说法明理】

生活中，朋友之间经常会相互帮忙，本来是乐于助人的好事，却有时会因为这样那样的原因而帮成了"倒忙"，受到朋友的责怪，吃力不讨好，一旦发生争议还伤及朋友间的感情。《民法典》第九百二十九条规定："有偿的委托合同，因受托人的过错造成委托人损失的，委托人可以请求赔偿损失。无偿的委托合同，因受托人的故意或者重大过失造成委托人损失的，委托人可以请求赔偿损失。受托人超越权限造成委托人损失的，应当赔偿损失。"可见《民法典》区分有偿委托合同和无偿委托合同，分别规定不同的义务和责任，这一点与保管合同是一样的。相对于有偿的委托合同，无偿的委托合同具有特殊性，因为在这一合同中，受托人有履行委托事项的义务而没有请求对方给付报酬的权利，因此，《民法典》对受托人规定了更轻的义务：仅就自己的故意或重大过失造成的损失负责。

  本案中，姜茹委托常卓为自己购买电脑，并未给付常卓报酬，二人之间实际上形成了一个无偿的委托合同。即使认为常卓在挑选电脑的过程中存在过失，也至多只是一般过失，而非故意或重大过失。如果要求常卓为这样的过失负责，恐怕过于苛刻了。作为无偿的受托人，常卓是不需要赔偿姜茹的损失的。

合 同 篇

95. 物业公司可以转包全部物业服务吗？

【身边案例】

林杨是安居家园1栋2单元504的业主，已经在安居家园居住了2年。该小区由吉立物业服务公司管理，内部设有停车场。2020年1月10日，林杨开车出门时发现自己的小轿车车门被莫名划花，怀疑是夜晚停车时有人故意剐蹭。因此，林杨拨打了吉立物业服务公司的电话，要求查看停车场的监控录像。然而吉立物业服务公司的工作人员却告诉林杨，安居家园内部停车场相关服务已经在一年前转包给了康朱物业服务公司，现在由康朱物业服务公司运营，林杨可以去找康朱物业服务公司。原来，吉立物业服务公司内部人手一直不足，为了完成安居家园的物业服务，先是于前一年7月将停车场转包给了康朱物业服务公司，随后又于9月将安保服务转包给了第三家物业服务公

司，到了10月，除停车场和安保之外的其他服务一起转包给了另外一家物业服务公司。现在，共有三家物业服务公司分别对安居家园不同方面的物业提供服务。吉立物业服务公司虽然照旧收取物业费，但已不再对安居家园提供实际的物业服务。难怪本小区的物业服务越来越差！知晓这一消息后，林杨联系了其他业主，准备联合起来主张权利。

【说法明理】

物业服务合同是生活中非常常见的一种合同。物业服务对居民的生活环境和幸福感都有很大的影响。为了保证物业服务的质量，我国《民法典》明确规定禁止物业服务人将其应当提供的全部物业服务转委托给第三人。这样规定的理由是，业主所缴的物业费原本是与全部物业服务的价值相当的，若物业服务人将全部服务均转委托给他人，势必导致实际的物业服务人所获得的报酬低于业主所交的物业费，而且其中的差价可能很大。这样一来，业主所缴的物业费虽然没有变化，所获得的物业服务质量却会变差。无论物业服务人是将全部物业服务委托给同一人，还是将全部物业服务分开委托给不同的人，都会造成类似的风险。因此，《民法典》第九百四十一条第二款明文规定："物业服务人不得将其应当提供的全部物业服务转委托给第三人，或者将全部物业服务支解后分别转委托给第三人。"

本案中，吉立物业服务公司将本应由自己提供的物业服务分成停车场、安保以及其他服务三个部分，分别转委托给不同的物业服务公司，违反了前述规定，林杨等业主可以依法维护自己的权利。

96. 物业公司的义务

【身边案例】

孔飞、张颖结婚后，在碧兰花苑小区4栋购买了一套住房，经简单装修后入住。然而，小区的环境却令二人很不满意。一方面，小区内有一些不讲公德的养狗人遛大型犬时拒绝牵绳，据说已经咬伤过其他居民；另一方面，孔飞、张颖所居住的单元内的消防通道被许多杂物占满，却找不到物主，其他业主也不便自行处理，存在很大的安全隐患。除此之外，还有小区内健身设施老化、路面未及时维护修理等各种问题，严重影响着小区居民的生活。实际上，一些业主早已向小区的物业服务人碧兰花苑物业服务公司反映过，不知为何，该物业公司对业主的要求均不闻不问。孔飞当面质问物业公司的工作人员，工作人员却回答说："养狗、堆放杂物，都是你们业主自己的事情，有意见可以自行交涉，不要找我们。物业合同里也没有写我们需要管居民怎样养狗呀。"物业公司的说法对吗？

【说法明理】

合同总是难以涵盖所有可能出现的情形。一方面，在签订合同时，无法预知以后发生的一切情形；另一方面，即使预知未来发生的状况，也未必都可以达成一致意见并记录在合同条款里。在业主与小区物业服务人签订合同的时候，物业合同往往都是由物业服务人提供的格式条款，业主仅能选择签署或不签署，对合同内容难以直接更改。为了保护业主的应有权利，《民法典》第九百四十二条对物业服务人的义务作出了明确规定："物业服务人应当按照约定和物业的使用性质，妥善维修、养护、清洁、绿化和经营管理物业服务区域内的业主共有部分,维护物业服务区域内的基本秩序,采取合理措施保护业主的人身、财产安全。对物业服务区域内违反有关治安、环保、消防等法律法规的行为,物业服务人应当及时采取合理措施制止、向有关行政主管部门报告并协助处理。"

本案中,碧兰花苑小区的部分业主不文明养狗,威胁到小区的基本秩序和其他业主的人身、财产安全,对于碧兰花苑内杂物堆放占用消防通道等行为,法律规定物业服务人有义务及时制止。总而言之,即使物业服务合同中没有明确约定,碧兰花苑小区的业主也可以根据法律的规定要求物业服务人提供这些服务。

97. 是否可以以没有使用过电梯为由拒缴电梯费？

【身边案例】

　　一条河流横穿城市中心，河流两岸景色优美，滨河公园小区便建设在河流一畔。小区内部分住宅可直接眺望河景，因此大受欢迎。小区建成后，由德新物业服务公司提供物业服务。李莲芳夫妇是滨河公园小区C区8栋2单元301的业主，自从搬入滨河公园小区后，由于认为物业费的收费标准不合理，以从来不乘电梯为由，在几年的时间里一直拒绝缴纳电梯费。德新物业服务公司多次催告李莲芳缴费未果，于是向法院提起诉讼，要求李莲芳根据合同约定缴纳电梯费。在诉讼中，李莲芳提出，全家人从未使用过小区内的电梯，故不应该缴纳电梯费。至于其他的物业费用，均已按时足额缴纳。李莲芳认为自己并不欠德新物业服务公司物业费。

【说法明理】

在物业服务合同中，业主负有按照约定支付物业费的义务。不过，在一些情况下，业主可能实际上并不需要某些服务或并未享受到某些服务，因此会拒绝支付部分费用。然而，物业服务人提供服务的质量与其收取的物业费是密切相关的，如果一部分业主拒缴物业费，即使其他业主及时足额地缴纳，小区内的物业服务也可能因资金不足而质量下降。为了保护全体业主的共同利益，《民法典》第九百四十四条第一款规定："业主应当按照约定向物业服务人支付物业费。物业服务人已经按照约定和有关规定提供服务的，业主不得以未接受或者无需接受相关物业服务为由拒绝支付物业费。"

本案中，德新物业公司已经根据物业合同的约定提供了电梯服务，即使李连芳没有使用过电梯，也不得以此为理由拒绝缴纳电梯费。

98. 业主也能解聘物业吗？

【身边案例】

衡风房地产公司投资开发了柳园小区。小区竣工验收后，衡风房地产公司与清雅物业服务公司签订了《柳园小区前期物业管理协议》，约定由清雅物业服务公司负责柳园小区的前期物业服务。清雅物业服务公司整体服务质量尚可，于是在柳园小区的业主大会召开和业主委员会成立后，决定仍与清雅物业服务公司签订物业服务合同，期限5年。一年之后，清雅物业服务公司因股东变更导致服务质量下降，小区卫生环境不佳，秩序也较为混乱，甚至连续发生多起盗窃事件，业主怨声载道。柳园小区有不少业主都因物业服务质量差而多次向有关部门投诉。业主忍无可忍，要求业主委员会寻找新的物业服务人替换清雅物业服务公司。半个月后，业主大会召开，通过了解除与清雅物业服务公司的物业服务合同，并与新物业服务公司订立合同的决议。其后，柳园小区业主委员会向清雅物业服务公司发出《解聘函》，要求其限期办理相关移交手续。但清雅物业服务公司则以合同期限尚未届满为由拒绝移交。

【说法明理】

对于物业服务公司提供的物业服务，业主是最直接的体验者，因此，在选择物业服务公司的问题上，业主是最应具有话语权的。不过，物业服务公司的选聘和解聘是一件事关全体业主的大事，为了防止因个别业主的喜好而损害多数业主的利益，《民法典》对解聘物业公司的程序作了特别的要求。《民法典》第二百七十八条要求："应当由专有部分面积占比三分之二以上的业主且人数占比三分之二以上的业主参与表决",并"经参与表决专有部分面积过半数的业主且参与表决人数过半数的业主同意"。

物业服务合同本质上是委托合同,具有一定的人身信赖属性,因此在解除权问题上的处理也和委托合同相似。但不同的是,委托合同双方一般具有平等性,故此双方均享有任意解除权,而物业服务合同一方是业主,有特别加以保护的必要,因此,《民法典》第九百四十六条规定:"业主依照法定程序共同决定解聘物业服务人的,可以解除物业服务合同。决定解聘的,应当提前六十日书面通知物业服务人,但是合同对通知期限另有约定的除外。依据前款规定解除合同造成物业服务人损失的,除不可归责于业主的事由外,业主应当赔偿损失。"

在本案中,柳园小区业主大会作出的解聘清雅物业服务公司的决定,符合法律规定的条件,是有效的,清雅物业服务公司不能以合同期限尚未届满抗辩。但因物业涉及范围甚广,交接需要一定的时间,所以需要提前六十日书面通知物业服务人。

99. 中介未促成交易，费用谁来出？

【身边案例】

张毅军夫妻只有一个女儿张文婧，张文婧大学毕业后与男朋友到外地打拼，并很快有了起色，结婚生子后邀请张毅军夫妻同住。见女婿没有意见，张毅军夫妻欣然同意，一方面为了方便照顾外孙，减轻女儿、女婿的压力；另一方面老两口年纪也大了，身体不好，可以方便女儿照顾自己。几年过去后，想到将来也不会再回去居住，张毅军便让女儿将原来住的房子卖掉。为卖得一个好价钱，张文婧联系了高中同学邢燕。邢燕现在在金泽不动产经纪公司工作，公司做的是房屋中介生意。很快，张文婧同金泽不动产经纪公司签订了房地产买卖中介合同，合同约定，事成之后，金泽不动产经纪公司可以获得3万元报酬。合同签订后，金泽不动产经纪公司在当地报纸上刊登了广告，又先后找到5个有买房意向的买家看房，但因张毅军的房屋地理位置较为偏僻，始终没能卖出。张毅军见状便对女儿说："卖不出就别卖了，咱们又不缺钱，留个念想也挺好的。"于是，张文婧找到邢燕说明情况，希望与金泽不动产经纪公司解除合同。邢燕提出，解除合同没有问题，中介费也不必支付了，但根据公司规定，此前为卖房刊登广告的费用2000元应由张文婧承担。张文婧想：房子没卖出去，怎么还要我付钱呢？

【说法明理】

中介活动是有偿的，但中介人只有在促成了交易的情况下才能收取报酬，若没能促成交易，中介人是拿不到报酬的。不过，在促成交易的过程中，中介人可能会支出一些必要的费用，如果这些费用在交易未促成时全由中介人负担，恐怕中介人会因不愿承担经济风险而放弃订立一些中介合同，这反而对委托人不利。因此，出于平衡各方当事人利益、促进交易的目的，《民法典》第九百六十四条规定："中介人未促成合同成立的，不得请求支付报酬；但是，可以按照约定请求委托人支付从事中介活动支出的必要费用。"需要注意的是，必要费用请求权的成立需以委托人和中介人在中介合同中有约定为前提。

本案中，张毅军的房子没有卖成，金泽不动产经纪公司当然无权请求支付报酬，但如果双方签订的中介合同中有特别约定，则金泽不动产经纪公司有权请求张文婧支付必要费用。金泽不动产经纪公司不但应当证明费用的金额和明细，还需要证明这些费用是为促成交易所发生的必要支出。

合 同 篇

100. 岂能"过河拆桥"!

【身边案例】

陆婷想在儿子的小学附近买一套房,方便接送儿子上下学。为提高找房效率,陆婷找到暖佳房产咨询公司,双方于 2020 年 6 月 29 日签订了房屋买卖中介合同。暖佳房产咨询公司根据陆婷的要求提供了几套房屋的信息,并于 7 月 1 日,由工作人员吕娇和赵明宇带陆婷实地察看了金地小区 2 栋 1 单元 402 室,对该房屋进行了重点介绍,认为该套房屋完全符合陆婷的要求,性价比也比较高。陆婷看后未置可否。此后,吕娇和赵明宇分别于 7 月 13 日、7 月 20 日、7 月 31 日、8 月 3 日与 8 月 12 日带陆婷看了其他数处房屋,但陆婷均表示不是很满意。之后陆婷变得消极起来,对吕娇和赵明宇的看房电话或者不接,或者以各种理由推脱不去。8 月底,暖佳房产咨询公司的一名工作人

203

员发现金地小区 2 栋 1 单元 402 室已经于 8 月中旬售出，经联系房主，才知道该房屋竟然是陆婷买下的。原来，陆婷第一次看到金地小区这套房屋后，心中就十分满意，但表面上却不动声色，一边告知吕娇和赵明宇仍希望看一看其他房源，另一边避开暖佳房产咨询公司，私下联系房主，借此逃避支付中介费。经与房主协商，陆婷以低于暖佳房产咨询公司给出的价格买下了这套房屋，双方于 8 月中旬签订了房屋买卖合同并办理了过户手续。暖佳房产咨询公司认为陆婷的行为是过河拆桥，要求按照约定支付报酬。

【说法明理】

交易时，人们都希望付出更低的成本，取得更高的收益。然而，通过中介人获得交易机会后又越过中介人私下订立合同的所谓"跳单"行为，虽能够节省一笔中介费，但无异于"过河拆桥"，不但有违基本的道德准则，也与民法的诚信原则不符。如果默示这样的情况发生，势必会使中介人承担过大风险，影响中介行业的发展和中介制度的存续。因此，《民法典》在第九百六十五条明确规定："委托人在接受中介人的服务后，利用中介人提供的交易机会或者媒介服务，绕开中介人直接订立合同的，应当向中介人支付报酬。"

本案中，若非暖佳房产咨询公司提供的中介服务，陆婷并不能顺利找到合适房源，金地小区 2 栋 1 单元 402 室的买卖合同也是因暖佳房产咨询公司的中介活动而得以成立的。因此，暖佳房产咨询公司有权依据《民法典》第九百六十五条的规定要求陆婷支付报酬。

101. 合伙财产何时能分割？

【身边案例】

龚建明与康胜是儿时好友，手头有了点积蓄后，想一起做点事情。经过市场调研，二人认为出租旋挖钻机能够赚钱，便花了111万元买了一台旋挖钻机。为了防止日后经营时出现争议，二人签订了一份书面协议，在协议中约定："双方共同出资购买旋挖钻机一台从事出租业务，其中龚建明出资51万元，康胜出资30万元，余款30万元由龚建明向银行按揭贷款，贷款本金和利息从收取的租金中偿还；旋挖钻机由双方共有，其中龚建明占旋挖钻机65%的份额，康胜占旋挖钻机35%的份额；一方未经另一方同意，不得单独把旋挖钻机抵押给第三人或出售该旋挖钻机。"一年之后，两人赚了不少钱，又用攒下的旋挖钻机的租金购置了混凝土搅拌车、挖掘机等设备，生意越做越大。又过了两年，二人关系出现危机，主要是因为这些设备平时存放于龚建明的厂房里，绝大多数生意往来也都是由龚建明经手，康胜认为最近一段时期旋挖钻机维修费用太高，但租金收益却比预想中少了不少，怀疑龚建明的账目有问题，想要放弃旋挖钻机生意，把旋挖钻机卖了分钱。龚建明问到混凝土搅拌车、挖掘机等其他生意怎么办，康胜认为这些可以继续。龚建明则认为这些设备很多时候都是一起出租的，如果把旋挖钻机卖了，势必会影响其他设备的出租，不同意把旋挖钻机卖了分钱。

【说法明理】

合伙财产不同于合伙人的个人财产，是合伙存续和发展的保证，没有了合伙财产，也就无所谓合伙了。《民法典》第九百六十九条规定：

"合伙人的出资、因合伙事务依法取得的收益和其他财产，属于合伙财产。合伙合同终止前，合伙人不得请求分割合伙财产。"具体到本案中，旋挖钻机、混凝土搅拌车、挖掘机等均为合伙财产，在龚建明和康胜的合伙合同终止前，二人都不能请求分割。

对此，有人可能会担心是否会出现"上船容易下船难"的问题。实际上，合伙合同具有鲜明的人身属性，合伙人基于对彼此的信任，共享利益并共担风险；而一旦信任不再，强行维持彼此之间的关系已无任何实益。因此，在一定情形下，法律赋予了合伙人任意解除权。《民法典》第九百七十六条第三款规定："合伙人可以随时解除不定期合伙合同，但是应当在合理期限之前通知其他合伙人。"可见，在龚建明和康胜没有约定合伙合同的期限时，康胜可以选择通知解除合同。

102. 错发的微信红包

【身边案例】

正在上大学的李云雷和冯天瑜正在谈恋爱。情人节当天，二人逛游乐场、玩密室脱逃、看电影、吃大餐。冯天瑜个性比较独立，认为上学期间都是父母在提供生活费，她和李云雷现在还只是在谈恋爱，不能所有开支都让男方出，让人以为自己是个物质女孩，所以二人在一起的所有开支都是 AA 制。李云雷没有办法，也只能尊重女朋友的意见。回到宿舍后，已经快 12 点了，李云雷想要在情人节的最后一刻表达一下自己的爱意，就发了个 1314 元的红包给冯天瑜，寓意"一生一世"。谁知好巧不巧，李云雷微信中有一位高中女同学李浩瑞和冯天瑜的微信名是一样的，李云雷将红包错发给了李浩瑞。直到第二天，李浩瑞还以为是李云雷向自己示爱，高兴地打来电话，才知道闹了个乌龙。李浩瑞有点小沮丧，就说："害得本小姐白高兴了一场，这点钱就当是对我的精神损害补偿了。"冯天瑜得知后，笑得肚子都疼了。李云雷觉得在女朋友面前出糗了，越发想要把钱要回来。

【说法明理】

财产在不同人之间的流转需要具备正当的原因，才能为法律所承认。一方受益而另一方受损，法律不认可其正当性时，就有必要将之恢复到原来的状态，这就是不当得利制度。《民法典》第九百八十五条规定："得利人没有法律根据取得不当利益的，受损失的人可以请求得利人返还取得的利益，但是有下列情形之一的除外：（一）为履行道德义务进行的给付；（二）债务到期之前的清偿；（三）明知无给付义务而进行的债务清偿。"

本案中，李云雷错误地给李浩瑞发了1314元的红包，导致自己受损而李浩瑞受益，但因为李云雷并没有赠与的意思，李浩瑞保有这1314元钱就没有了法律上的依据，构成不当得利。同时，李云雷的行为也不符合三个例外，给李浩瑞发红包并非"为履行道德义务"；李云雷与李浩瑞之间没有债务关系，不涉及提前清偿；李云雷虽然没有给付义务，但红包是错发的，并非其有意为之，不能认为其构成"明知"。因此，李浩瑞应当将1314元不当得利返还给李云雷。

103. 无偿取得的"不当得利"?

【身边案例】

余达、王慧美夫妻长期经营稻米生意,成立了一家名为"有余米业"的公司,主要从事大米加工、销售,粮食收购等业务,以余达为法定代表人。章海虹是有余米业的大客户,有余米业经常从章海虹处收购水稻。9月27日,余达与章海虹联系收购水稻事宜,双方达成收购协议。付款时,余达让妻子王慧美汇款给章海虹,王慧美当日便通过手机银行将15万元水稻款转账完毕,并在备注中注明是有余米业的水稻款。然而,章海虹却表示一直未收到水稻款。联系余达询问缘由后,章海虹才知道水稻款已汇至李云克的账户。原来,章海虹与李云克曾经是生意上的合作伙伴,之前有余米业的水稻款也都是打到李云克的账户中。但最近一段时间,章海虹与李云克关系恶化,已经不再合作,章海虹忘记通知余达更换汇款账户了。章海虹随即联系了李云克,李云克称该15万元已经全部转给了表哥周存方,以偿还买房时向其借的钱,现在自己手头没钱,无法返还。章海虹无奈,又找到周存方,但周存方认为自己对有余米业打错水稻款一事完全不知情,更与章海虹没有任何往来,15万元也已经全部投入自己经营的公司用于购买生产设备,自己也没法返还。那么,章海虹可以要求周存方返还这15万元吗?

【说法明理】

合法的利益当然可以转让处置,但是当该利益在性质上属于不当得利时,得利人有时会因转让利益而失去了向受损失的人返还的能力,这时,就会产生受损失的人是否能够向第三人请求返还的问题。对此,

《民法典》第九百八十八条规定："得利人已经将取得的利益无偿转让给第三人的，受损失的人可以请求第三人在相应范围内承担返还义务。"

由此可见，我国法律是允许受损失的人向第三人主张返还的，但必须是得利人"无偿转让"。在本案中，章海虹与李云克之间并不存在债权债务关系。收到水稻款后，李云克作为得利人，取得该15万元并没有法律上的原因，构成不当得利，应当返还给章海虹。不过，李云克将所得利益转给第三人是为了还债，并因此使李云克对周存方原有的债务归于消灭，并不属于无偿转让。所以，章海虹不能适用《民法典》第九百八十八条的规定，要求周存方返还该笔款项。现在，章海虹只能请求得利人李云克返还15万元及相应利息的不当得利。

后 记

本套书的体例框架由江荣、郭金平共同商定,燕山大学文法学院法学系、艺术与设计学院视觉传达系的师生组成工作团队,分工负责各分册具体案例编撰、插画创作任务,由江荣、郭金平负责定稿。

《百姓身边的民法宝典——合同篇》由燕山大学文法学院法学系教师伦海波负责统稿,案例由燕山大学法学(律)专业硕士研究生编写,其中第1至26篇由胡气编写,第27至46篇由王熹嘉编写,第47至76篇由韩雪萌编写,第77至103篇由赵琪瑶编写。本书插图由王逸卉、梁静然、张笑妍、王欣欣创作,由燕山大学艺术与设计学院刘维尚教师指导。

限于作者水平有限,对一些案例的总结和叙述难免有不足之处,恳请广大读者批评指正,以便今后进一步修改、完善和提高。